LA GRAN ESFINGE

LA
GRAN ESFINGE

GUARDIANA DE LAS LLAVES

O LA GUARDIANA DE LAS MEDIDAS

J.J. CABANES

Título:

La Gran Esfinge:

guardiana de las llaves

Segunda edición

© Juan José Cabanes, 2022

Reservados todos los derechos. No se permite la reproducción total o parcial de esta obra, ni su incorporación a un sistema informático, ni su transmisión en cualquier forma o por cualquier medio, sea éste electrónico, mecánico, fotocopia, grabación u otros métodos, sin autorización previa y por escrito de los titulares del copyright. La infracción de dichos derechos puede constituir un delito contra la propiedad intelectual.

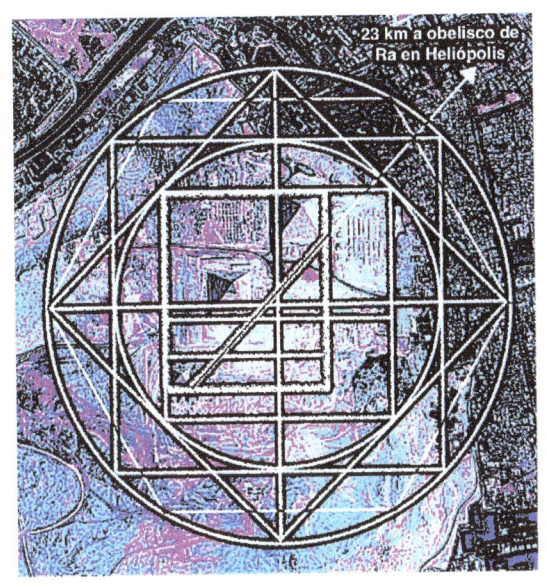

EL SANTUARIO
O EL SAGRADO PORTAL

CALCMAPS – ESRI / MAXAR

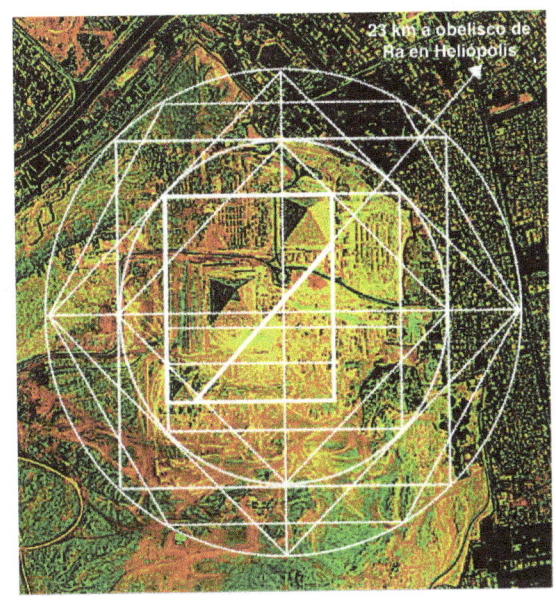

SUMARIO

PREÁMBULO ... 9
INTRODUCCIÓN ... 11

1ª PARTE
LA GRAN PIRÁMIDE Y EL PARALELO 30

1. SECRETOS ... 15
2. GEOMETRÍA ... 17
3. LAS LLAVES ... 19
4. EL PARALELO 30 Y EL CENTRO DE LA PIRÁMIDE ... 21
5. EL CENTRO DE LA PIRÁMIDE Y EL TEMPLO DE KEOPS ... 27
6. DISTANCIA CARTOGRÁFICA AL PARALELO 30 ... 44
7. MEDICIÓN GEOMÁTICA AL PARALELO 30 ... 48
8. LAS DOS ANCHURAS DE LA PIRÁMIDE DE KEOPS ... 52
9. EL NIVEL DEL MAR ... 55
10. EL FALSO PILAR DEL UMBRAL ... 57
11. EL POZO FUNERARIO EN LA CAPILLA DE KEOPS ... 62
12. EL FARAÓN KEOPS Y LA VELOCIDAD DE LA LUZ ... 65

2ª PARTE:
LA ESFINGE Y EL PARALELO CERO

13. EL PARALELO CERO ... 75

14. LA LLAVE 144 O LA GEOMETRÍA MÍSTICA ... 81

15. CRONOGEOMETRÍAS O TIEMPO SAGRADO ... 84

16. LAS DOS COLINAS Y EL ALBA DEL MUNDO ... 88

EPÍLOGO ... 91

APÉNDICE UNO:

LA MEDICIÓN DEL TIEMPO ... 92

APÉNDICE DOS:

UNA INTELIGENCIA TRANSTEMPORAL ... 97

APÉNDICE TRES:

EL SANTUARIO TRANSTEMPORAL ... 99

APÉNDICE CUATRO:

EL PUNTO GEODÉSICO EN LA CABEZA
DE LA ESFINGE ... 103

PREÁMBULO

La necrópolis de Guiza es una obra maestra, fruto de unas mentes brillantes, quizás mentes superiores a las nuestras. Superiores porque no sólo conocían con perfección plena la geodesia justa del planeta en aquel tiempo, sino porque igualmente conocían con perfección la geodesia del globo en el presente actual.

En este pequeño libro no entraremos en el conjunto de los arcanos de Guiza, pero vamos a tratar como botón de muestra un oculto detalle geodésico que se manifiesta relacionado con la Gran Esfinge y la pirámide de Keops. Necesitamos la avanzada tecnología que nos proporciona la ciencia moderna para descubrirlo.

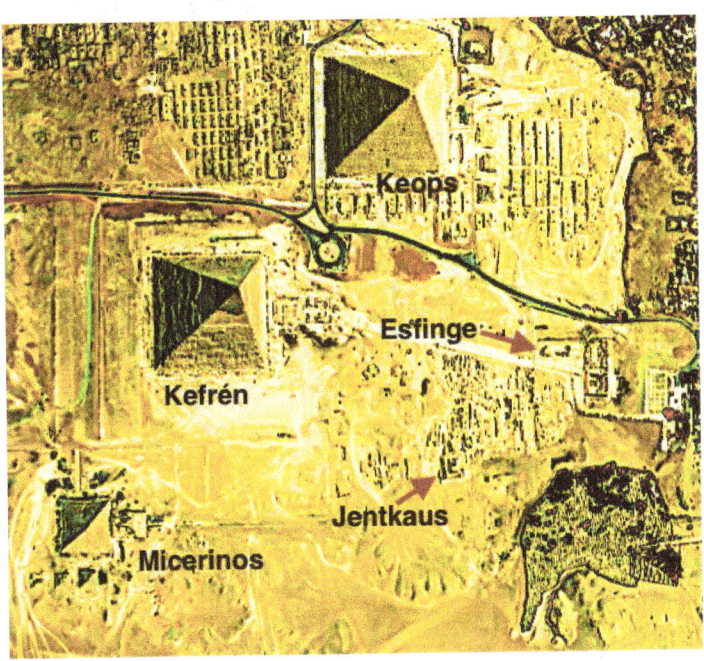

CalcMaps – Esri / Maxar

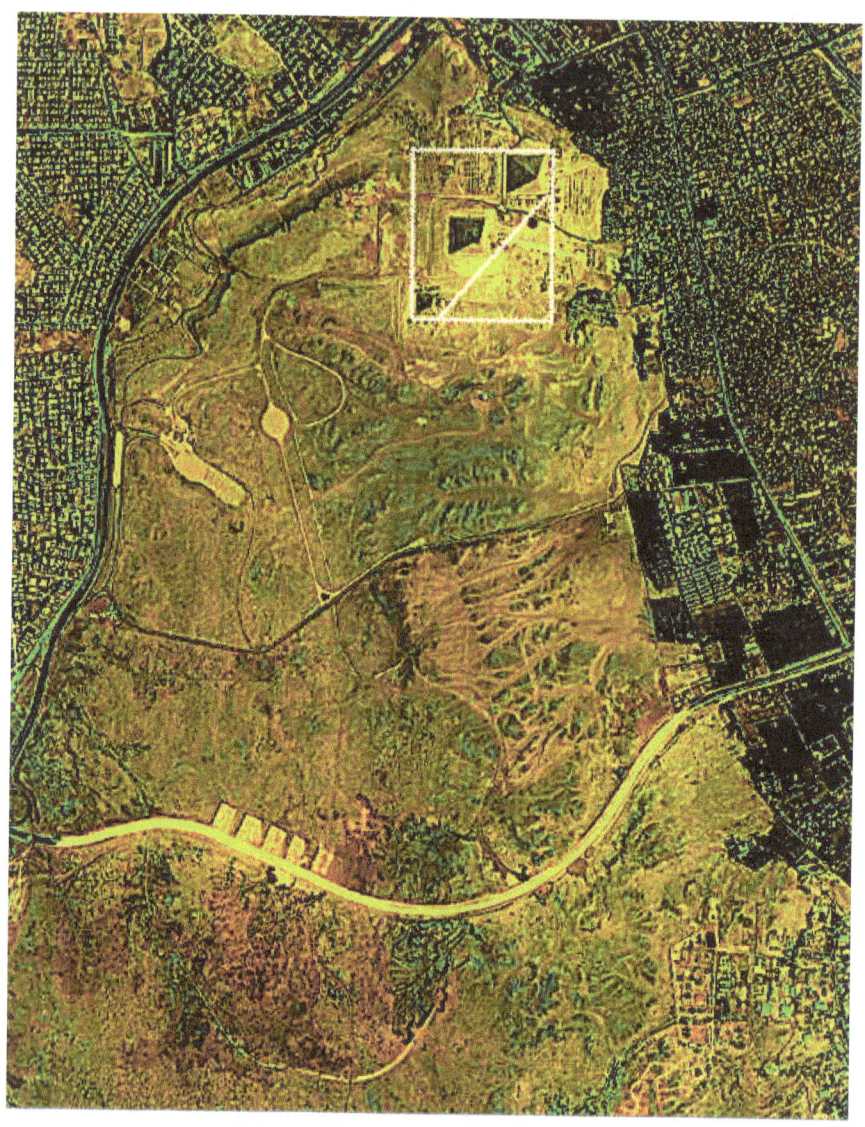

CalcMaps – Esri / Maxar

La Esfinge, las pirámides y sus templos se encuentran en el extremo norte de la meseta rocosa de Guiza, la cual se eleva unos 40 metros sobre el nivel del valle.

INTRODUCCIÓN

Hasta el siglo XXI no hemos logrado la capacidad técnica para descubrir las calibraciones geodésicas y cartográficas que ocultan los monumentos principales de la meseta de Guiza. Quién planificó la necrópolis dispuso su ubicación en la faz de la Tierra con la precisión de un mecanismo de relojería, aunque a una escala gigantesca. Nadie ha hecho nada igual. La precisión es tan alta que no cabe el azar.

¿Qué mente ingeniosa entrelazó espacio y tiempo en un santuario arquitectónico, tras un velado juego que sólo en el futuro podría ser comprendido? ¿Quién confeccionó los planos que siguieron los arquitectos de esta necrópolis durante los cien años que duró la construcción completa y que implicó a cuatro generaciones de la cuarta dinastía?

Aquí expondremos los primeros secretos métricos a nivel planetario de las dos piezas maestras del asombroso artefacto geométrico de Guiza. Estos apenas son la punta del iceberg, pues esconden muchos más. Descubramos los arcanos que nos revelan los números.

Si multiplicamos el perímetro exactísimo de la Gran Pirámide por los 3600 segundos de una hora se revela con total precisión la distancia justa que hay entre la divina cobra Uadyet de la frente de la Gran Esfinge y el ecuador.

Y al dividir la distancia desde la Esfinge al ecuador por los 1440 minutos de un día se manifiesta la longitud cabal entre el centro de la Gran Pirámide y el paralelo 30.

Sólo con los adelantados instrumentos tecnológicos del siglo XXI resulta posible calibrar esas distancias con la precisión de los centímetros. En cambio, la necrópolis de Guiza se edificó hace cuatro milenios y medio. ¿Conocían los que diseñaron y construyeron las admirables obras de la meseta de Guiza las proporciones exactas de la Tierra? ¿Podían cartografiar con una precisión igual a la actual?

La geodesia ultraprecisa que se revela en las obras de Guiza no tiene sentido. Sencillamente, es absurdo. Sin embargo, los hechos tangibles y empíricos están ahí. Han aguardado 45 siglos a que la civilización humana alcance el nivel tecnológico y científico necesario para advertirlo. Esos absurdos e imposibles hechos geodésicos y métricos, y otros muchos más, han permanecido encriptados en los monumentos de Guiza durante decenas de centurias.

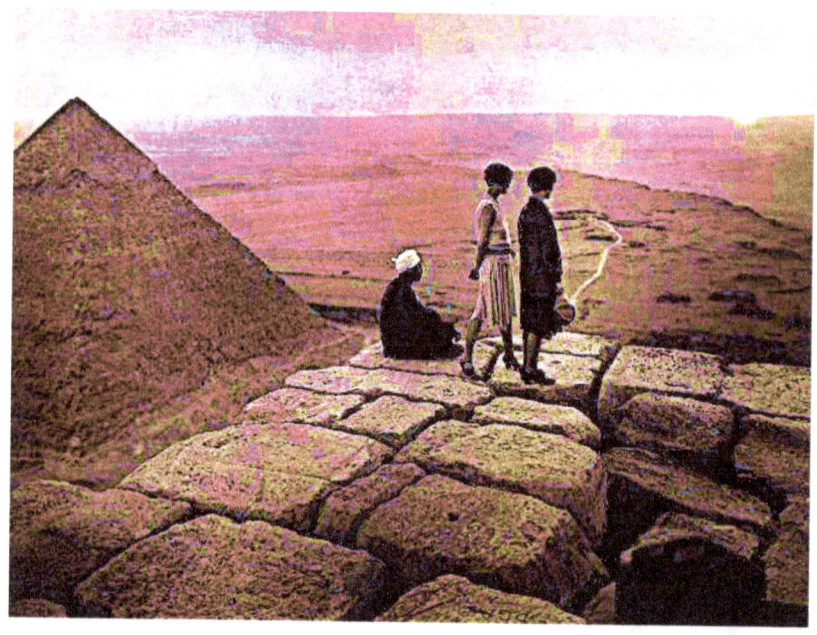

Puesta de sol desde la cima truncada de la Gran Pirámide. En algún momento de principios del siglo XX. A la izquierda la pirámide de Kefrén.

PRIMERA PARTE

LA GRAN PIRÁMIDE Y EL PARALELO 30

1
SECRETOS

¿Custodia la Gran Esfinge de Guiza algún conocimiento secreto desde hace milenios? ¿Se esconde en el interior de su pétrea figura, o en el subsuelo bajo su enorme cuerpo, alguna estancia o templo no descubierto, como algunos fantasean desde hace más de un siglo?

¿Oculta también la vecina y no menos famosa Gran Pirámide alguna sala recóndita dentro de su estructura o en el subsuelo que nadie ha encontrado aún? ¿Están las tres pirámides de Guiza dispuestas en la superficie de la necrópolis de tal forma que reproducen las tres estrellas del cinturón de la constelación de Orión en la Tierra para sugerirnos un vago y difuso misterio celeste?

La pirámide del faraón Keops y la Esfinge suscitan leyendas y teorías desde hace centurias e incluso en la era moderna éstas continúan y se han incrementado, pero sin base sólida alguna. En realidad, ni la Gran Pirámide ni la Esfinge ocultan cámaras secretas (o puede que sí), ni están posicionadas las tres pirámides de Guiza replicando las estrellas del cinturón de Orión. Pese a ello sí es cierto que guardan secretos. Guardan codificado un conocimiento, pero no está oculto sino a la vista de todos. Sólo que para acceder a él hay que poseer la capacidad de vislumbrarlo, de entenderlo y descifrarlo.

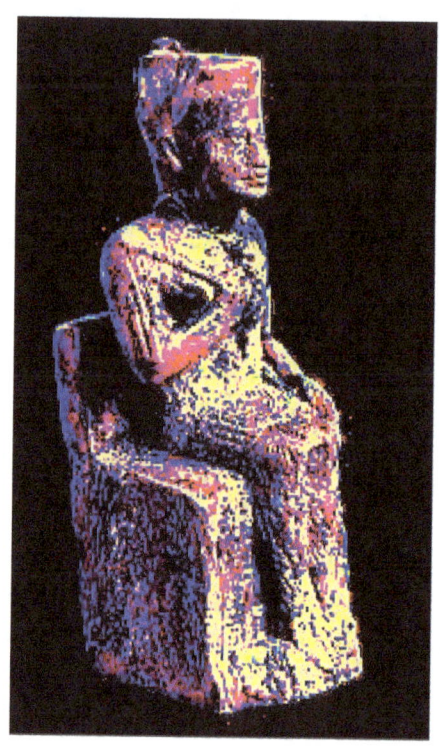

Keops, segundo faraón de la cuarta dinastía, promotor de la construcción de la Gran Pirámide e iniciador del gran complejo arquitectónico de la meseta de Guiza. Vivió en la primera mitad del siglo XXVI a. C.

Su pirámide, erigida con bloques de piedra caliza y granito, con un peso estimado de más de 6 millones de toneladas, es el edificio más masivo jamás construido por el ser humano.

El sector norte de la meseta de Guiza, llamado Rosetau, es el lugar más sagrado de la Tierra, pese a que hace milenios que fue olvidado y profanado. En tiempos predinásticos (hace seis mil años) ya era un santuario, un portal, un espacio liminal entre este mundo y el otro lado.

2
GEOMETRÍA

El conocimiento que guardan la Gran Esfinge y las majestuosas pirámides de Guiza radica en su geometría y en su geodesia. Para descifrarlo es imprescindible cierta formación y la voluntad de buscarlo. Aunque también es verdad que, a la vez, se necesita disponer de una luz que nos guie en el oscuro sendero. Una luz que sea la pequeña luciérnaga que ilumina y orienta cuando nos adentramos en la foresta del oscuro bosque y nos permite distinguir el camino correcto o camino verdadero.

Todo es geometría en el universo, todos los objetos y seres que existen manifiestan una geometría. Incluso los gases y los líquidos poseen su geometría, aunque a nivel molecular. Por ejemplo, la molécula del agua, que todos conocemos como H^2O, por estar formada por dos átomos de hidrógeno y uno de oxígeno, tiene geometría. Los dos átomos de hidrógeno están siempre dispuestos entre ellos en ángulo de 105º respecto al átomo de oxígeno.

Sabemos asimismo que el universo está constituido por una geometría de cuatro dimensiones, aunque se cree que tiene otras siete ocultas que no resultan perceptibles. También sabemos que la universal y omnipresente fuerza de gravedad obedece en realidad a la estructura de una geometría o curvatura del tejido del espacio tiempo. En el universo de las formas y de la materia manifiesta todo es geometría.

La Gran Pirámide y la Gran Esfinge también están codificando una geometría. La mayor parte de la gente sabe dónde se hallan estos dos monumentos: en el Parque Arqueológico de Guiza, en el Gran Cairo. ¿Pero por qué se encuentran geográficamente en el lugar puntual donde están? ¿Existe alguna razón críptica o tan sólo es por la elección de un arquitecto o de los faraones que mandaron construirlas? ¿Por qué ese sitio particular y no cualquier otro? ¡Algún lugar tenía que ser! Quizá les pareció que el emplazamiento era un terreno rocoso sólido y del que se podía extraer piedra caliza para tener una cantera junto a la misma obra, como en realidad fue así. Tal vez el lugar ya tenía presencia previa de tumbas reales y siguieron construyendo más, como en realidad así fue. O quizá se trataba de un terreno que por una razón desconocida era considerado sagrado desde tiempo ancestral, como así fue en realidad. ¿Y eso es todo?

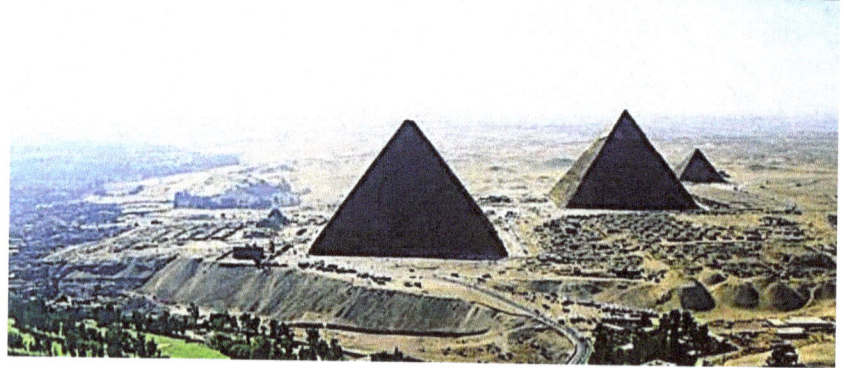

Aquí vemos las caras norte de las pirámides. El horizonte al fondo es el sur. En primer plano la pirámide de Keops, a su derecha la de Kefrén y tras esta la de Micerinos. También se aprecia el borde rocoso de la meseta, de unos 40 m de altura.

3
LAS LLAVES

No, no es todo. Aunque todo eso es verdad, existen otras razones que hasta ahora han pasado desapercibidas. Entre todas ellas voy a elegir una que involucra tanto a la pirámide de Keops como a la cercana Esfinge. Y lo voy a exponer en dos pasos: en uno veremos la relación de la Gran Pirámide con el paralelo 30 y en otro la relación de la Esfinge con el paralelo 0 o línea del ecuador. Para unir ambas cuestiones usaré la llave 144. Y explicaré primero, un poco, lo que son las «llaves».

Cuenta la historia egipcia que un príncipe egipcio, que luego sería el faraón Tutmosis IV, después de cazar en la entonces florida Guiza se dispuso a acostarse bajo la cabeza de la Esfinge, que hacía siglos estaba abandonada y tenía su cuerpo de león cubierto de arena, llegando esta hasta el cuello de la escultura. Tutmosis se sumergió en el sueño y en él se le apareció la divinidad que personifica la Esfinge. Esta le ofreció un trato: si quitaba de su cuerpo la arena que lo cubría le haría faraón. Tutmosis así lo hizo, pues enseguida mandó que una legión de trabajadores le limpiara a la Esfinge la arena y se rehabilitara Guiza y el culto a esa divinidad. Tutmosis fue entonces el príncipe elegido para suceder a su padre el faraón. Se supone que esto es un relato inventado por el propio Tutmosis, para dar sostén divino a su subida al trono entre las disputas de las distintas facciones de la realeza.

Sin embargo, también he soñado con la divinidad de la Esfinge y esta me propuso que me daría todas las *llaves* guardadas en Guiza si me comprometía a convertir luego ese conocimiento en un libro. Aunque, en mi caso, no he soñado una única vez, sino varias. Y tales llaves no son llaves físicas sino numéricas, es decir matemáticas, y su función y uso es métrico y geométrico. Que su naturaleza sea geométrica significa que son proporciones, por lo que pueden aplicarse en diversos contextos significativos para descifrar un conocimiento.

No obstante, dichas llaves no me las entregó todas juntas guardadas en una caja. Llegarían a mí entrando en la fronda de un oscuro bosque. Conforme aumentara mi capacidad de reconocerlas las iría encontrando.

Entre todas esas llaves vamos a recurrir aquí sólo a una: la llave 144. Puede que el lector haya tenido alguna referencia de este número en ciertos contextos simbólicos. Así, por ejemplo, la llave 144 (con ceros o sin ceros detrás) se localiza en el Nuevo Testamento de la Biblia cristiana, en concreto en el Libro de las Revelaciones o Apocalipsis, donde aparece repetida cinco veces. Emplearemos aquí la llave 144 aplicada a una cuestión muy concreta, entre las varias que tiene tan sólo en el contexto de Guiza.

4
EL PARALELO 30 Y LA BÚSQUEDA DEL CENTRO DE LA PIRÁMIDE.

Empecemos. Los 360 grados del globo terráqueo se han dividido en una serie de paralelos que van desde el 0 en el ecuador al de 90º en los polos. En medio destacan los significativos paralelos 30 y 60, que señalan los tercios en que se dividen cada uno de los dos hemisferios.

La pregunta ahora es: ¿a qué distancia del paralelo 30º norte se encuentra la Gran Pirámide? Y en concreto el centro o eje vertical, es decir, el punto geométrico exacto que antaño marcaba el pico del piramidión. Para saberlo de un modo preciso vamos a fijar la latitud de ese centro. Si consultamos las páginas de Wikipedia que tratan sobre este monumento, variando los idiomas, veremos que dan ese dato en grados sexagesimales y en decimales, aunque a veces los grados varían de un idioma a otro. Eso ocurre porque no localizan el centro geométrico exacto sino una aproximación, es decir un simple punto dentro del cuerpo del monumento, que puede estar más o menos cercano al centro.

Determinar con seguridad plena la latitud exacta del centro de la Gran Pirámide no es fácil. Para descubrirla vamos a utilizar las herramientas métricas y cartográficas de diversos portales de medición online y compararemos después los resultados. Estos no siempre van a coincidir, pues la tecnología actual aún tiene sus limitaciones.

En la casilla de búsqueda del portal **Google Maps** escribimos 'Gran Pirámide de Guiza'. La pantalla se pone en marcha y nos lleva hasta este monumento. En el centro aparece un indicador rojo. Situamos el cursor con cuidado en la punta inferior y apretamos el botón derecho. Se abre una ventana con las coordenadas. La latitud que se puede leer es 29,97923º.

Repetimos esta operación en el portal **Google Earth Pro**. Escribimos de nuevo 'Gran Pirámide de Guiza' en la ventana de búsqueda y la pantalla nos lleva hasta ella. En esta ocasión no debemos situar el cursor del ratón dentro de la imagen, pues las coordenadas de latitud y longitud del supuesto centro de la pirámide se ven ya en una barra que emerge en la parte inferior derecha. Aparecen escritas en sexagesimal. La latitud es casi la misma que en Google Maps: 29º 58' 45,24" y que en decimal es 29,9792333º.

¿Tenemos determinada de este modo tan sencillo la latitud exacta del centro de la Gran Pirámide? Pues no, es una latitud próxima a la genuina, pero no es correcta si lo que buscamos es rigor absoluto. Aunque...¿nuestra actual tecnología nos puede brindar rigor absoluto? Veamos.

La determinación del punto exacto, o latitud exacta, la estimé por mi cuenta a lo largo de un proceso de meses. Combiné cálculos geomáticos, mediciones arqueológicas y deducciones con base simbólica. Con tales premisas, la genuina latitud que divide la pirámide de Keops en dos mitades iguales norte-sur fue, en mi conclusión personal, la coordenada decimal: **29,9792** 142452º N.

Esta coordenada se sitúa sobre el terreno unos 2 m al sur de las que facilitan en modo automático Google Maps y Google Earth Pro. La diferencia es poca, pero buscamos exactitud total, incluso en la escala de centímetros. ¿Cómo podemos verificar cuál es más acertada?

La planta de la Gran Pirámide es enorme, pues tiene más de 230,3 m por cada lado, lo que hace difícil situar su centro matemático con rigor. Además, en la actualidad no nos ha llegado completa y sólo disponemos de las ruinas, complicándose así determinar la geometría precisa.

Como primer paso con el que tratar de verificar por nuestros medios la latitud del centro de la Gran Pirámide recurrimos a una prueba geométrica que las herramientas geomáticas de Google Maps nos posibilitan efectuar. Esta consiste en trazar online las diagonales de la pirámide de Keops mediante el medidor de distancias. Luego hacemos clic con el botón derecho justo en el punto donde estas se cruzan, para que se muestre la ventana con coordenadas.

No vamos a obtener datos muy afinados, pero es un inicial paso para ubicar geométricamente el centro cabal de la pirámide. Con este procedimiento conseguimos una horquilla de latitudes próximas, en función de pequeñas variaciones en la geometría de las esquinas desde las que trazamos las diagonales.

Las latitudes van desde **29,979** 21º la que está más al norte hasta **29,979** 161º la que se ubica más al sur. Todas se sitúan al sur de la latitud automática que facilitan estos portales. La primera concuerda con los **29,97921** 42452º de mi estimación personal. El detalle de cómo fue calculada se explica en el libro *Rosetau: los senderos secretos de la luz*.

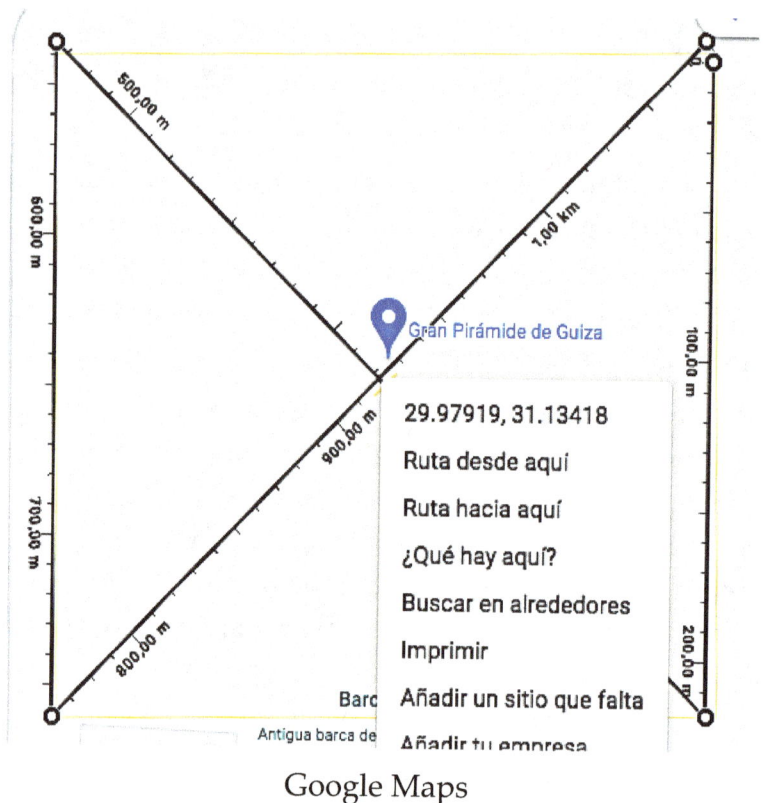

Google Maps

En esta imagen con base en modo mapa se refleja una de las estimaciones intermedias en la latitud del centro de la pirámide. No obstante, los mapas son poco fiables a la hora de una medición rigurosa, pues son aproximaciones más o menos certeras y no suelen coincidir en modo fino con la realidad.

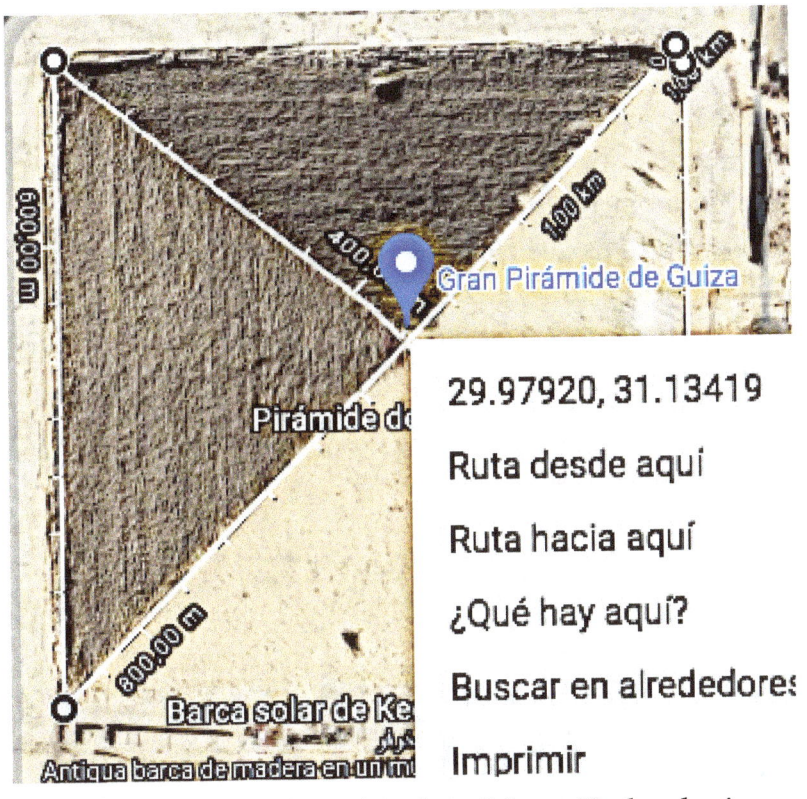

Google Maps – CNES / Airbus, Maxar Technologies

La latitud intermedia que se registra en esta imagen fotosatélite es especialmente interesante. Se ubica ≈ 3,7 m al sur de las que ofrecen en modo automático los portales Google Maps y Google Earth Pro y ≈ 1,57 m al sur de la latitud calculada por mi. Lo reseñable y curioso es que la latitud 29,97920º que vemos en la imagen coincide con los números de la velocidad de la luz en su redondeo a km/s (kilómetros por segundo).

Asimismo, la velocidad de la luz en m/s (metros por segundo) corresponde a una latitud situada ≈ 5 m al norte de esta y también ubicada varios metros al norte de todos los centros estimados aquí para la pirámide de Keops. La latitud concurrente con la velocidad de la luz en metros por segundo es 29,9792458º, que se sitúa 5,077 m al norte de la velocidad de la luz en km/s. En algún punto ubicado entre ambas latitudes de la luz se emplaza el centro de la Gran Pirámide.

LADO NORTE

5 m
Velocidad de la luz en m/s
Centro de la Gran Pirámide ?
Velocidad de la luz en km/s

LADO SUR

5
EL CENTRO DE LA GRAN PIRÁMIDE Y EL TEMPLO DE KEOPS

Existe un camino para conocer con precisión total la latitud en la que se emplaza el centro geométrico exacto de la Gran Pirámide. Desde el año 2021 algunos portales geomáticos posibilitan visualizar en foto satelital la planta del templo mortuorio de Keops, también llamado templo alto y templo piramidal.

A diferencia de los templos altos de otras pirámides de Guiza, que han subsistido parcialmente, los restos del templo de Keops habían desaparecido en su totalidad. Sin embargo, gracias a recientes trabajos arqueológicos se han recuperado parte del suelo y el trazado de sus cimientos, por lo que ha sido factible restablecer la planta original.

Ahora podemos visualizar esta planta del templo de Keops en todos los portales geomáticos y comprobar que la línea de su mediana coincide con la mediana de la Gran Pirámide. Esto supone que el centro de este templo anexo sigue el mismo paralelo que el centro del lado oriental de la pirámide y, por tanto, asimismo se alinea con el punto central de esta. La geometría es admirablemente precisa. Además, el templo mortuorio muestra su portal o umbral de entrada dividido por un pilar central y el punto central de este pilar manifiesta por eso la latitud exacta del centro del templo y del centro de la Gran Pirámide.

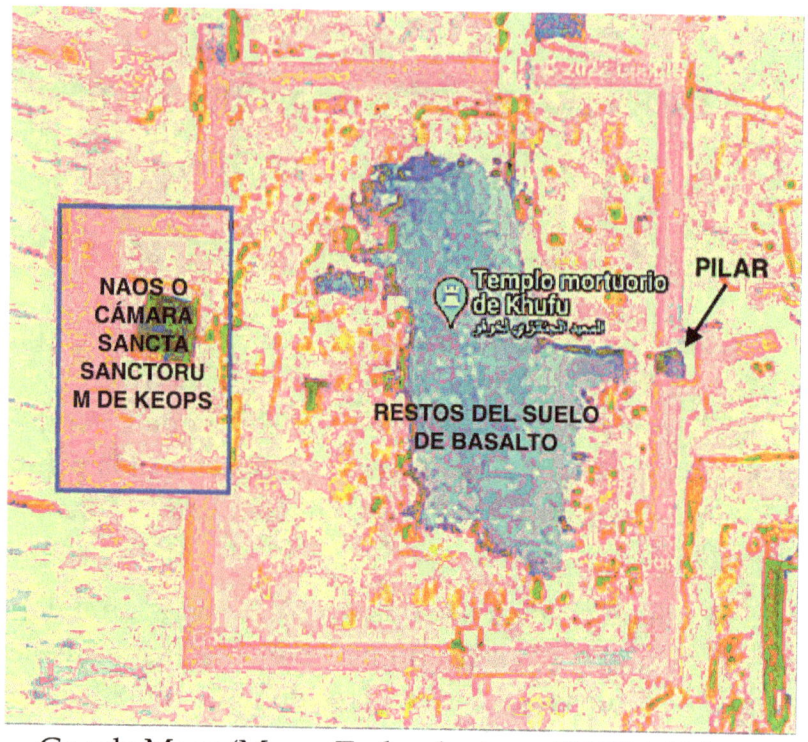

Google Maps (Maxar Technologies – CNES / Airbus)

He dado a la imagen un filtro cromático para ver mejor el piso de basalto y la marca del pilar de la entrada, que quizá fuera de granito negro. El pilar contribuía tal vez a sostener el dintel del gran portal y dividía la entrada en dos puertas. El ancho de este pilar aparenta ≈ 1,2 m y el vano del portal completo ≈ 3,2 m. Los accesos o vanos a cada lado del pilar debían rondar el metro. El ancho total del templo de norte a sur tenía 52 m.

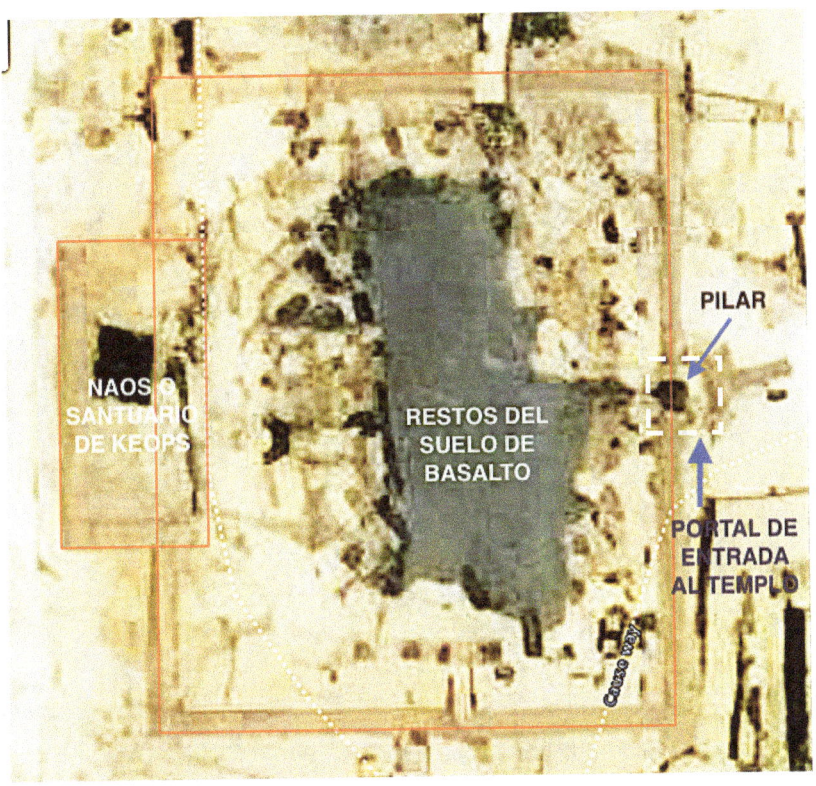

Visualizamos aquí la planta del templo piramidal de Keops en el portal **Satellite-map.gosur.com**. Se aprecia a mitad del muro oriental del templo el gran pilar dividiendo el acceso o entrada. El pilar marca la línea media del templo y también del naos o santuario que está dentro del muro occidental. Se alinea asimismo con la línea que traza la mitad de la Gran Pirámide. Eso supone que todas las estructuras comparten la misma latitud central, registrada en ese gran pilar de la entrada del templo.

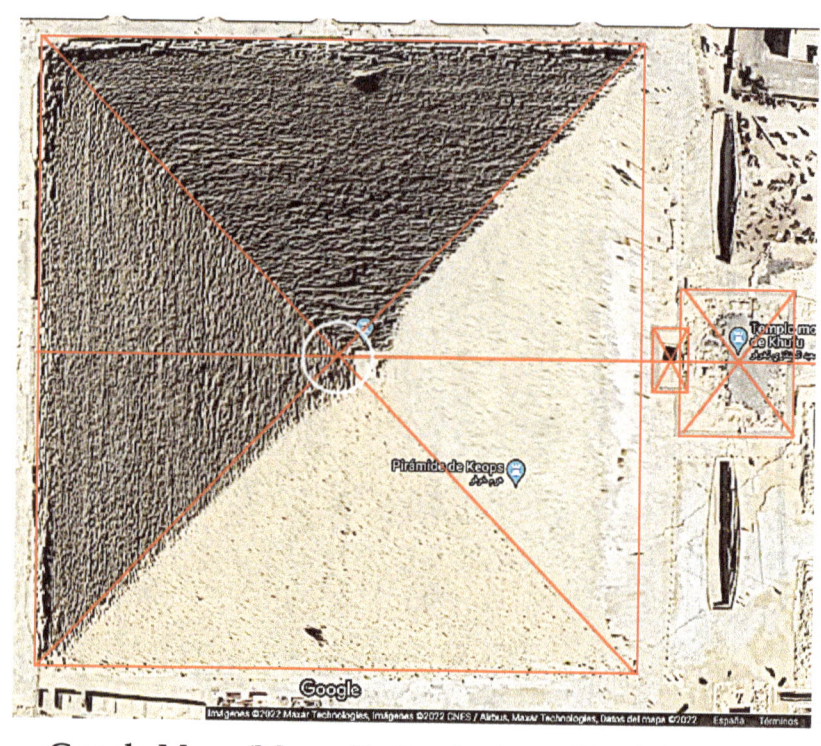

Google Maps (Maxar Technologies – CNES / Airbus)

En la imagen vemos lo que aparenta ser una perfecta alineación de los centros de la Gran Pirámide, el santuario de Keops y su templo piramidal con el pilar de la entrada en el muro oriental. Una precisión arquitectónica exquisita. Si el centro geométrico de la pirámide no se alinea en la imagen con la cúspide es debido a que la perspectiva de la foto satelital no presenta verticalidad cabal con la estructura.

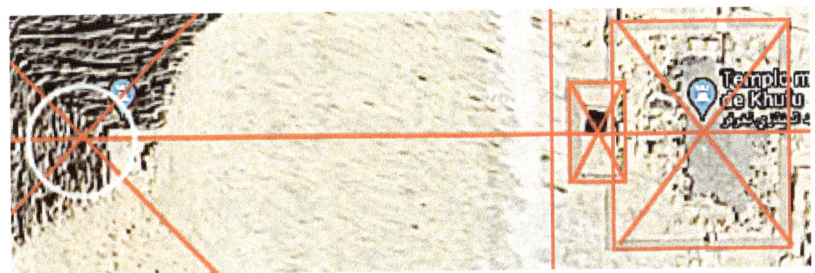

En este recorte de la imagen se aprecia con más detalle que la latitud del pilar de la entrada del templo sugiere ser la misma latitud que la de los centros del templo, el santuario y la pirámide.

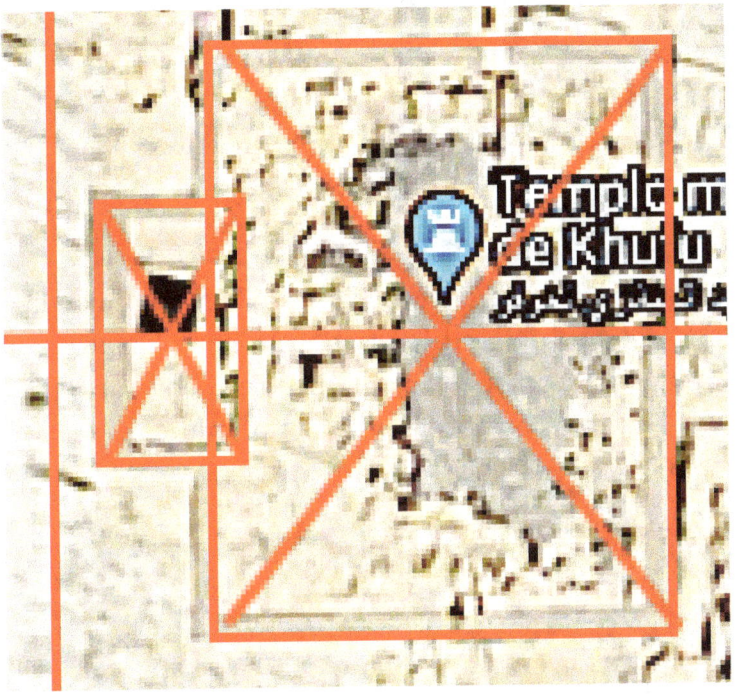

No obstante, esta escala no nos ofrece una seguridad absoluta, tan sólo aproximada si lo que buscamos es una precisión matemática y cartográfica total.

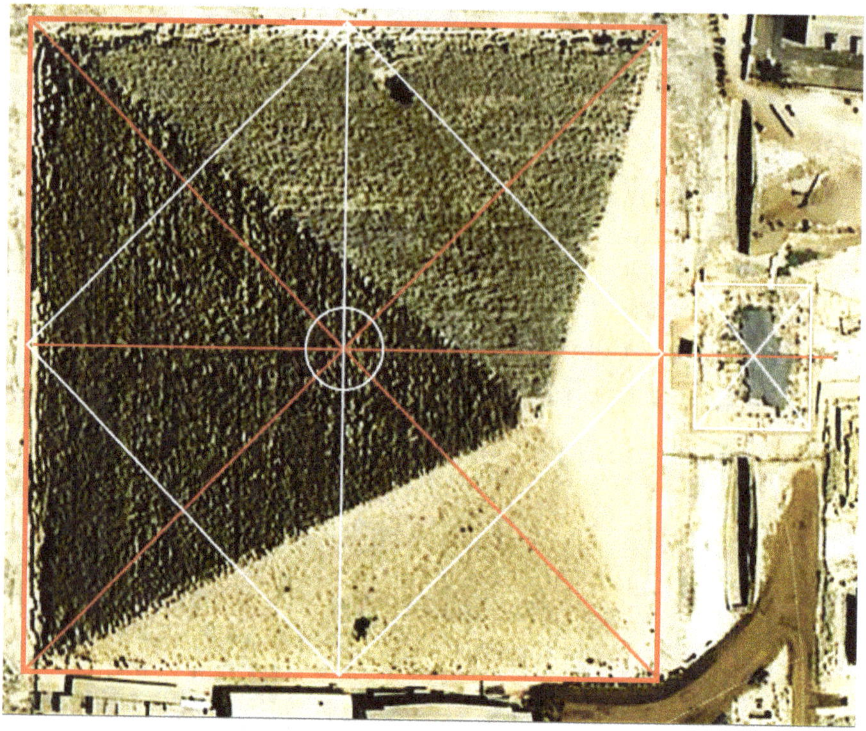

Vamos a repetir la geometrización con base ahora en la imagen del portal **Satellite-map.gosur.com**. De nuevo aparenta una coincidencia del pilar de la entrada del templo con el centro de la pirámide.

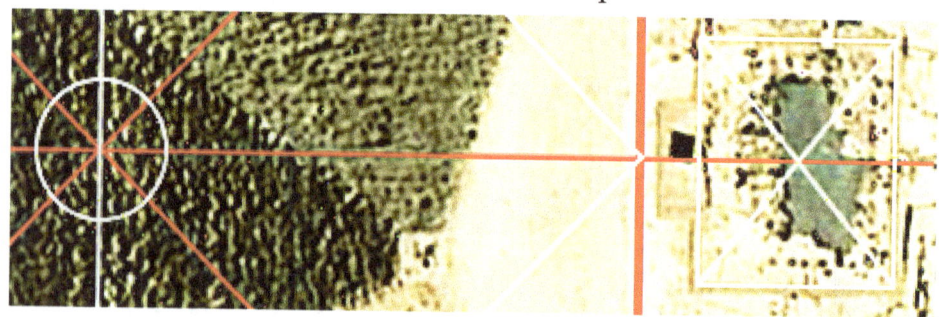

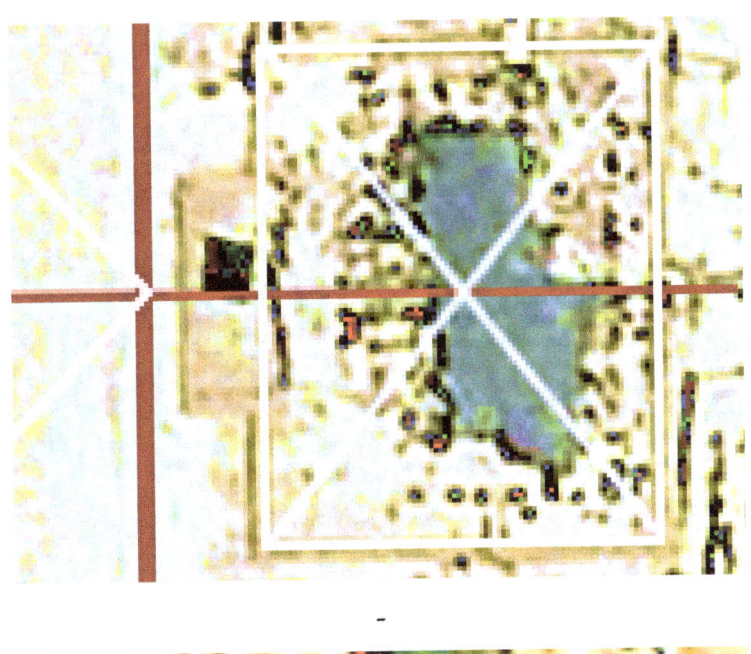

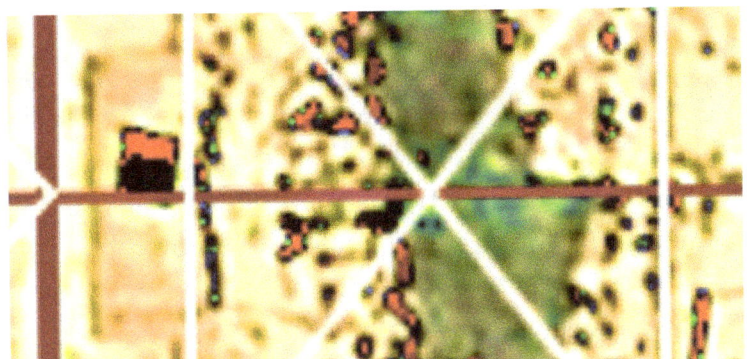

Parece que la exactitud del pilar con el centro de la pirámide y el templo es perfecta, al menos hasta donde nos permite valorar esta escala. Aunque sugiere que la línea cruza por la mitad norte del pilar y no por su centro, pero puede ser un efecto de distorsión de la imagen. Aumentaremos la escala en el templo y el santuario, para comprobar cuál es la exactitud de la alienación en estos espacios menores.

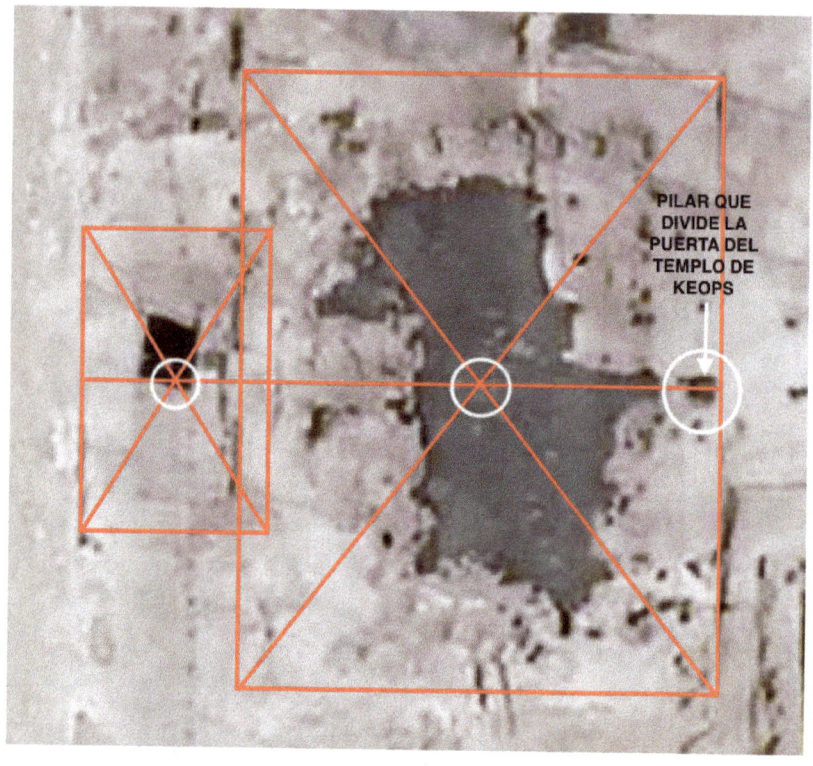

En esta imagen del portal **satellites.pro** coinciden el centro del pilar y los centros del templo y el santuario. Sin embargo, las imágenes de este portal no presentan perfilados los cimientos arqueológicos del templo, aunque yo sé donde se encuentran, por lo que no ofrece seguridad geométrica.

Vamos a incluir de ahora en adelante el ajuste de la coordenada de latitud que define el centro del pilar de la puerta del templo. El ajuste fino de ese punto será el que utilizaremos para calcular la distancia al paralelo 30, que es el objetivo que buscamos.

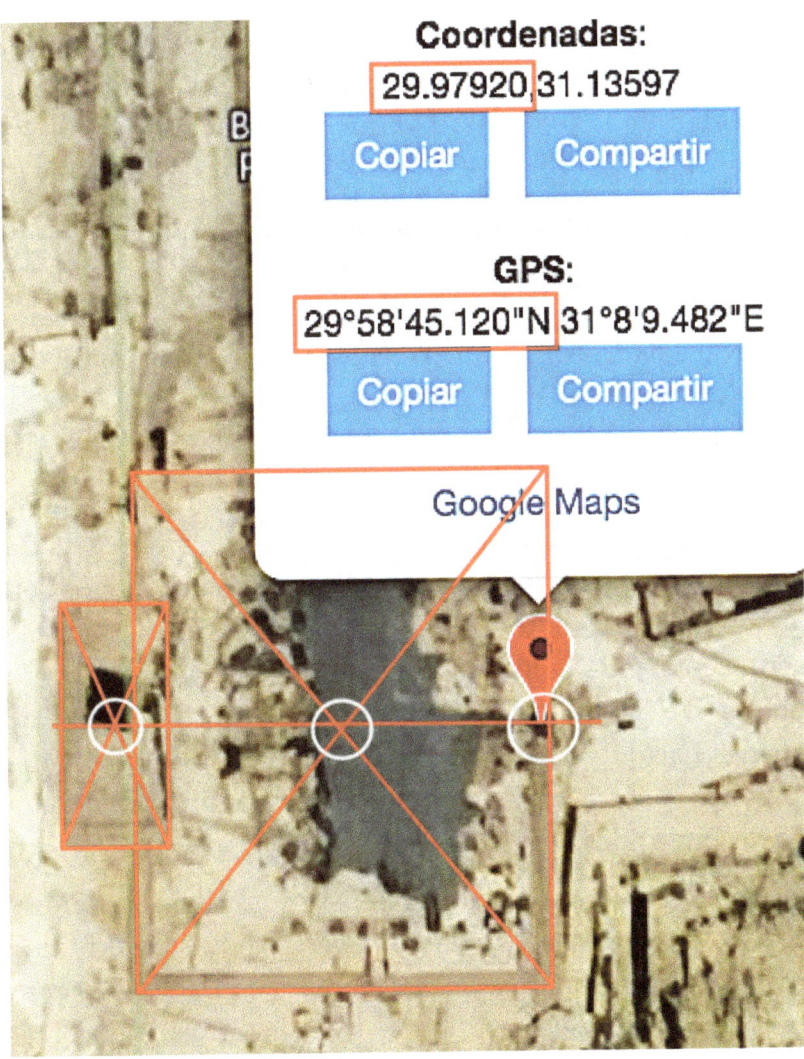

El portal CalcMaps —con coordenadas de Google Maps— determina la latitud 29º 58' 45,12" en el centro de la marca del pilar. Esa latitud sexagesimal corresponde, expresada en modo decimal, a la latitud **29,97920º**. Y este número es muy significativo, pues sus dígitos son los mismos que la velocidad de la luz formulada en kilómetros por segundo según nuestro actual sistema métrico. El pilar y el centro de la pirámide estarían situados sobre una coordenada de latitud que se escribe con idéntica serie de números que la velocidad de la luz: 299 792 km/s. ¿Coincidencia? Tal vez demasiada.

No obstante, se advierte en la imagen que el punto de encaje del centro del templo no coincide bien con esa latitud, pues al geometrizar la planta aparece desplazado unos 50 cm al sur. ¿Es un error de la imagen, de mi dibujo o de los arquitectos? La geometrización del santuario sí es perfecta.

Además, antes de proseguir es necesario plantearse una paradoja: la concurrencia numérica de la coordenada de latitud del centro del complejo piramidal de Keops con la velocidad de la luz calculada según el sistema métrico actual confronta la lógica y la historia, pues el *metro* como unidad de medida se inventó tras la Revolución francesa, apenas hace un poco más de dos siglos, por lo que nadie lo podía conocer y ni siquiera presuponer en la lejana era de las pirámides. ¿O tal vez sí?

Asimismo, hay aquí dos absurdos más. El primero es que el patrón *metro* que empleamos hoy surge de una medida equivocada, ya que ni siquiera es 1/10 000 000 del cuarto de arco del meridiano, sino que arrastra un error de longitud desde el momento en el que se creo, pues se estimó en casi dos décimas de milímetro menos de lo que debía ser su longitud cabal exacta.

Y el segundo absurdo, es que los antiguos egipcios estaban, desde luego, sumamente lejos del nivel científico y técnico necesarios para calcular o siquiera conceptuar la velocidad de la luz. Era un saber imposible para ellos.

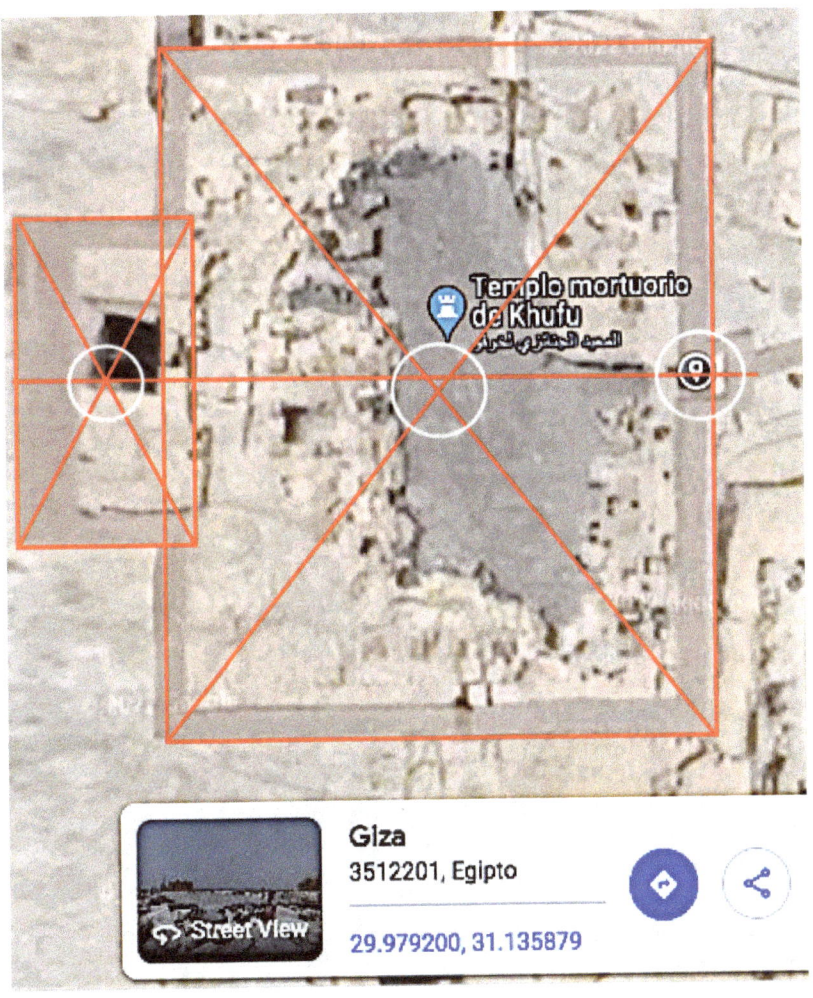

Google Maps nos vuelve a dar la latitud **29,979200º** en el pilar que se alzaba en la puerta de entrada al templo. En esta escala visual mayor la geometrización del templo presenta un centro geométrico algo más desviado quizá ≈ 1 metro al sur. ¿Dónde está el error? Aunque la geometría del santuario sigue concordando con el centro del pilar.

La siguiente imagen pertenece al portal geomático **satellite-map.gosur.com**. El pilar da también una perfecta latitud 29,9792º y longitud 31,1360º. De nuevo el centro del templo aparece desviado unos centímetros al sur. ¿Un error de los arquitectos, un error mío o es un fallo en el montaje de las fotografías satelitales? Tengamos en cuenta que consiste en encajar miles de fotografías pequeñas en mosaico para construir las imágenes que nosotros vemos. El santuario sigue perfecto.

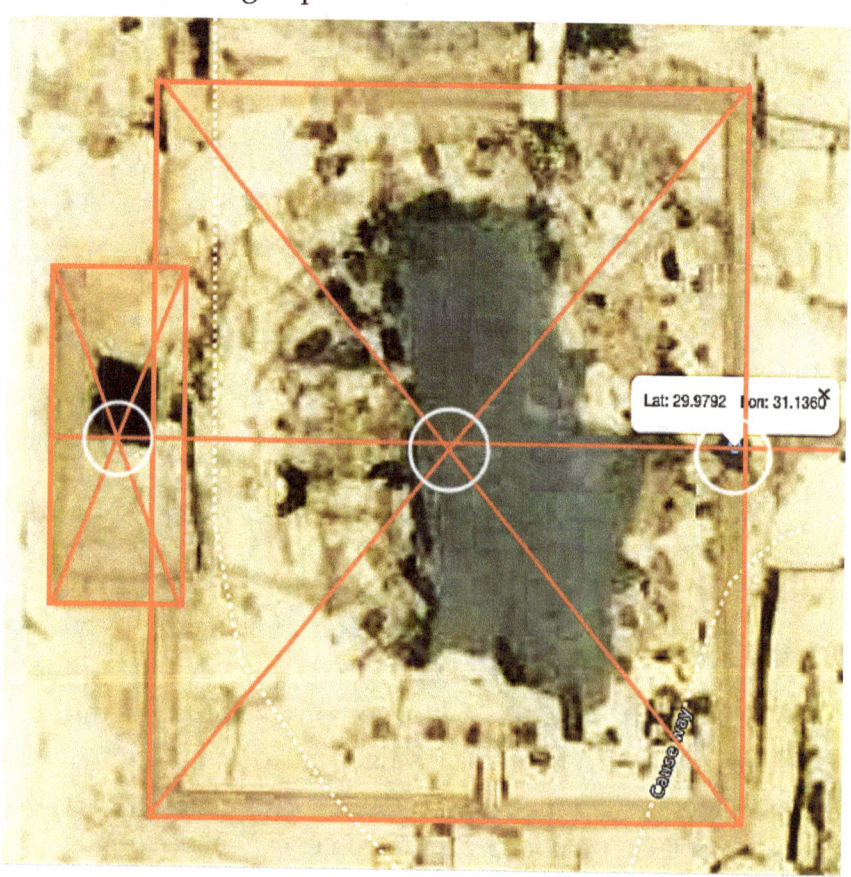

La mayor discrepancia al establecer la coordenada de latitud del pilar la da el portal **mapsdirections**. Este la sitúa en 29,979 17467º. Eso equivale sobre el terreno a una discrepancia de 2,8 metros. No es mucho, ¿pero reflejará también el metraje de la distancia hasta el paralelo 30 esa distorsión? Lo comprobaremos. En cambio, el centro del templo sí coincide aquí con la línea de latitud del pilar.

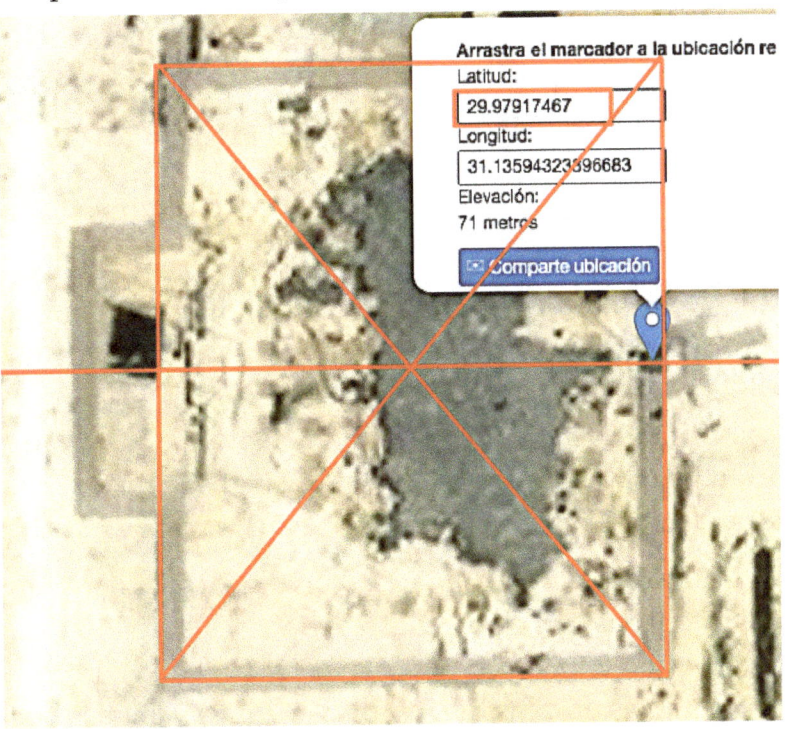

Como un grado de latitud en torno al paralelo 30 —estamos muy próximos a él— corresponde a 110 852,4 m, (según el WGS 84 o modelo de coordenadas geográficas y GPS usado mundialmente), debemos multiplicar por este valor la discrepancia de las latitudes que medimos para saber la diferencia métrica.

$$29{,}9792^{\circ} - 29{,}97917467^{\circ} = 0{,}00002533^{\circ}$$

y

$$0{,}00002533^{\circ} \times 110\,852{,}4 \text{ m} = 2{,}8 \text{ m}$$

¿Por qué mapsdirections fija en este pilar una latitud distinta a la de los otros portales? La respuesta puede ser que los resultados de coordenadas cartográficas que dan los portales no se corresponden con la realidad verdadera o absoluta, sino que son aproximaciones que están más o menos acertadas en función de múltiples variables.

Cada portal combina diferentes datos de tecnología espacial y cartografía de mapas. El resultado no siempre es coincidente. Incluso un mismo portal puede variar los resultados, tanto medidas métricas como coordenadas, a lo largo del tiempo. Por eso hay que hacer un seguimiento de meses o años para consolidar un dato. Disponemos en la actualidad de una tecnología satelital muy avanzada, pero no es perfecta. Pueden haber discrepancias, que van desde unos pocos centímetros hasta varios metros.

Otros portales geomáticos, como **sunearthtools.com** y **coordenadas-gps.com** muestran la misma coordenada de latitud en el pilar que **mapsdirections**, tal vez porque comparten las mismas fuentes proveedoras en mapas y su entrecruzamiento con los datos satelitales. De este modo estamos ante una incertidumbre técnica, una discrepancia de 2,8 m a la hora de precisar una coordenada de latitud con exactitud cabal y definitiva.

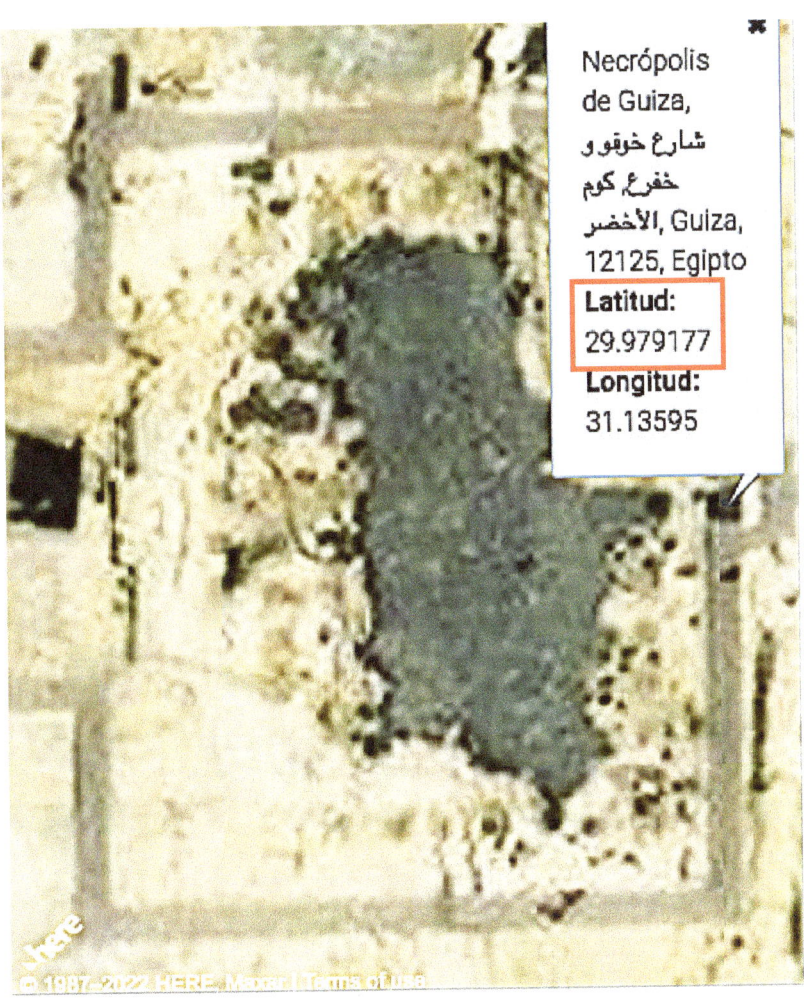

Coordenadas-gps.com (Maxar)

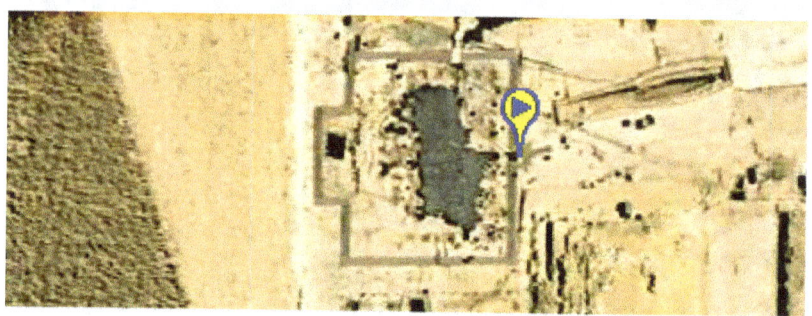

Sunearthtools.com / Tiles - Esri

Todas estas latitudes del pilar se sitúan al sur de la que calculé mediante otros procedimientos y que está en el tomo uno del libro *Rosetau: los senderos secretos de la luz*. Esa latitud es 29,9792142452º. La discrepancia métrica con la latitud de mapsdirections y otros portales similares es 0,00003957º o 4,38 m y con la latitud **29,9792º** —o latitud de la luz en km/s— que dan Google Maps y otros portales geomáticos es 0,00001421º o 1,57 m. Por tanto, todas las medidas se incluyen dentro de una horquilla cuyo ancho o incertidumbre es 4,38 m. ¿Nos podemos aproximar más a una medida definitiva segura con las herramientas de la tecnología actual?

LATITUD INCIERTA DEL CENTRO DE LA PIRÁMIDE DE KEOPS DE MAYOR A MENOR

Automática en Google Earth Pro	**29,9792** 333º
Automática en Google Maps	**29,9792** 3º
Estimación personal del autor	**29,9792** 142452º
Geometrización online más alta	**29,9792** 1º
Google Maps	**29,9792** 00º
CalcMaps	**29,9792** 0º
Satellite-map.gosur	**29,9792**º
Coordenadas-gps	**29,979** 177º
Mapsdirections	**29,979** 17467º
Sunearthtools.	**29,979** 1745º
Geometrización online más baja	**29,979** 161º
Latitud media estimada	**29,979** 1977
Media redondeada	**29,979** 2000º

6
DISTANCIA CARTOGRÁFICA
AL PARALELO 30

Ya con estas premisas procederemos a continuación a calcular la distancia métrica exacta hasta el paralelo 30º N desde cada una de estas tres latitudes: la que propongo yo inicialmente —la coordenada en manual más alta—, la del grupo de mapsdirections (la latitud más baja) y la del grupo de Google Maps (una latitud intermedia).

Antes de seguir debo aclarar que hace tiempo que se conocen las medidas exactas originales de los lados de la Gran Pirámide. Durante varios siglos se la ha medido con rigor científico y hoy, ya en el siglo XXI, se establece con exactitud que la longitud media de sus 4 lados —difieren unos pocos centímetros— o lado medio, eran 230,363 m (o 230,375 m según mis propias estimaciones, que no puedo explicar en este librito). Y lo transponemos a centímetros, que es la precisión que aquí vamos a usar, teniendo así los lados una longitud media de **23 037** cm.

El siguiente paso es calcular la distancia al paralelo 30. Para ello le restamos la latitud de la Pirámide y luego multiplicamos el resultado por la longitud en metros que tiene un grado en esta latitud, ya que la longitud métrica de los grados varía en forma creciente conforme se alejan del ecuador. En la latitud 30 esa longitud son 110 852,4 m según el Sistema Geodésico Mundial (WGS 84), que es un modelo matemático que define la Tierra y que utilizan los cartógrafos, satélites y GPS. Empezaremos con **la latitud que yo propuse** inicialmente, aunque puede que no sea la más correcta. Algo que no podemos saber con seguridad, debido a la incertidumbre de la tecnología actual para los cálculos muy finos. Así:

$$30º - 29,9792142452º = 0,0207857548º$$

y

$$0,0207857548º \times 110\,852,4 \text{ m} = 2304,15 \text{ m}$$

(2,3 km)

que en centímetros son

230 415 cm

Descubrimos que esa distancia de 230 415 cm casi se corresponde con **diez veces el lado medio** de la Gran Pirámide (23 037 cm x 10 = 230 370 cm). Hay una pequeña inexactitud de solo 45 cm, pero si tenemos en cuenta que la última medición científica de la Pirámide, efectuada en 2015 por Glen Dash, daba una longitud para el lado oeste (es decir en el eje norte-sur), el más largo en esa medición, de 230,407 metros, entonces la inexactitud es literalmente irrisoria, ya que, multiplicados por diez, los centímetros del lado oeste se convierten en 230 407 cm. La diferencia a 230 415 cm son 8 cm. Dicha discrepancia puede deberse a varios motivos. No haber medido yo con total exactitud el centro de la Pirámide, o bien que en realidad no estamos geográficamente sobre el paralelo 30 exacto sino un poco más al sur, lo que modificaría un poco la longitud métrica del grado. O bien a la medición de Glen Dash le faltaron quizá unos milímetros. En cualquier caso la diferencia es irrisoria, por debajo de 3,5 cienmilésimas o discrepancia inferior a 0,0035%.

Estamos hablando de que la distancia del eje de la Pirámide o del vértice del piramidión hasta el paralelo 30 era diez veces el lado del monumento, con un error de 8 cm o 3,5 cienmilésimas. La calibración de los arquitectos fue prácticamente perfecta. ¿Quién puede explicar eso?

Sólo hoy día podríamos igualar esa precisión de un monumento con un paralelo a 2,3 km de distancia, con la ayuda de la tecnología moderna, claro. No sólo hay que tomar la distancia al paralelo con perfección, sino hacer el lado del monumento también perfecto, para que se ajuste cabalmente a esa proporción.

¿Cómo pudieron los antiguos egipcios calcular con alta precisión esa distancia de 2,3 km? Medir la longitud a una distancia de 2,3 km no era ningún problema para los topógrafos egipcios. De hecho fueron los inventores de la topografía. Podían calcular muy bien distancias bastante mayores. El verdadero problema estriba en identificar la línea dónde se sitúa el paralelo 30.

Bien, ahora calcularemos esa distancia al paralelo 30 desde la latitud más baja en la que **mapsdirections** y otras webs geomáticas marcan el pilar de la puerta del templo de Keops.

$$30º - 29,97917467º = 0,02082533\ º$$

$$0,02082533º \times 110\ 852,4\ m =$$

$$2308,537811\ m$$

que en centímetros son 230 853 cm

La discrepancia con los 230 370 cm que supone diez veces el lado de la Pirámide son ahora 483 cm o 4,8 m de exceso. Y 446 cm o 4,4 m respecto a la opción de 230 407 cm de diez veces el lado más largo.

Ya por último, realizamos el cálculo desde la latitud intermedia que da **Google Maps** y portales afines.

$$30º - 29{,}9792º = 0{,}0208º$$

$$0{,}0208º \times 110\,852{,}4 \text{ m} =$$

$$2305{,}73 \text{ m}$$

que en centímetros son 230 573 cm

La diferencia con la longitud 230 370 cm, que es diez veces el lado de la Pirámide, son 203 cm o 2 m de más. Y respecto a 230 407 cm del lado más largo de la Pirámide la diferencia se reduce a 166 cm o 1,6 m.

Diferentes longitudes. ¿Cuál es acertada? ¿Excesiva inexactitud? ¿La tecnología de la que hoy disponemos es quizá todavía demasiado incierta para una alta precisión? ¿Es posible conseguir con la tecnología actual una mayor certidumbre?

No obstante, resulta cartográficamente seguro que la distancia desde el *paralelo de la luz* (sea en m/s o en km/s, más cabal en el segundo caso) al paralelo 30 se revela diez veces la longitud del lado de la Pirámide, independiente de en qué punto del templo de Keops se establezca (por uno u otro portal geomático) esta latitud con los mismos números que definen la velocidad de la luz. Significa que la longitud de los lados de la Pirámide corresponden a un décimo de la distancia desde dicha *latitud de la luz* hasta el paralelo 30. Este es un hecho empírico irrebatible.

7
MEDICIÓN GEOMÁTICA AL PARALELO 30

Las diferencias del centro de la Pirámide al paralelo 30 respecto a la longitud de diez veces su lado son 8 cm, 1,6 m y 4,4 m; en función de qué incierta coordenada de latitud establezcamos para el paralelo que comparten los centros de la pirámide, el templo y el santuario de Keops. Lo único que sabemos con plena seguridad es que los tres centros sí están bien alienados sobre el mismo paralelo.

¿Existe alguna otra posibilidad para intentar calcular con certeza la distancia que hay entre dichos centros y el paralelo 30? Sí, existe otra opción. Podemos calibrar esa longitud con la herramienta de medir distancias en modo manual o directo que facilitan los portales geomáticos.

Conociendo asimismo la coordenada de longitud del pilar en el centro de la puerta del templo de Keops (bien 31,13588º o 31,13597º), desplazamos el cursor hasta los 30º de latitud manteniendo la coordenada de la longitud. La regla de medir indicará la distancia conforme arrastremos el cursor hacia el norte sobre los edificios de la ciudad. ¿Ubicarán los distintos portales geomáticos el paralelo 30 en el mismo sitio o punto preciso? Seguramente no, por lo que también habrá discrepancias. Pero lo que nos interesa ahora es la medida, independiente de que fijen la latitud 30º en un lugar u otro con varios metros de diferencia.

Los portales satellite-map.gosur.com y satellites.pro no nos resultan útiles para esta medición manual, ya que sus reglas no ofrecen ningún modo de lectura en metros o tramos de metros, por lo que en ambos casos sólo leemos una longitud de 2,31 km. Es un redondeo que no nos da una información afinada.

Los portales Google Maps y CalcMaps calibran una longitud de **2313** m hasta el punto donde sitúan los 30º de latitud norte.

En cambio, los portales geomáticos Mapsdirections y Sunearthtools.com computan **2316** m hasta el punto en el que emplazan los 30º N.

Se manifiesta una discrepancia previsible de 3 m en la regla de medición, lo que es lógico, ya que los primeros dan al pilar de la puerta del templo la latitud 29,979 2º y los segundos la latitud ≈ 29,979 174º.

Sin embargo, algo a lo que no encuentro explicación es que el punto donde sitúan la latitud 30º N estos dos grupos de medición está distanciado 18 m. Lo emplazan en el mismo edificio, pero para unos está tras la fachada noroeste y para otros aparece en la fachada suroeste. La discrepancia de 18 m en los 30º N es muy superior a la de la latitud 29,972º N del pilar, en el cual la discordancia es inferior a 3 m.

No obstante, esta diferencia e inexactitud métrica no es significativa para lo que buscamos. Pretendemos saber si el centro de la Gran Pirámide y el paralelo 30 se hallan separados por una longitud que es diez veces el lado de la Pirámide. Tras estos dos resultados nos falta incluir ahora la medición manual con **Google Earth Pro**. En este caso la distancia es 2306 m, la más próxima a la calculada por mí que es 2304 m.

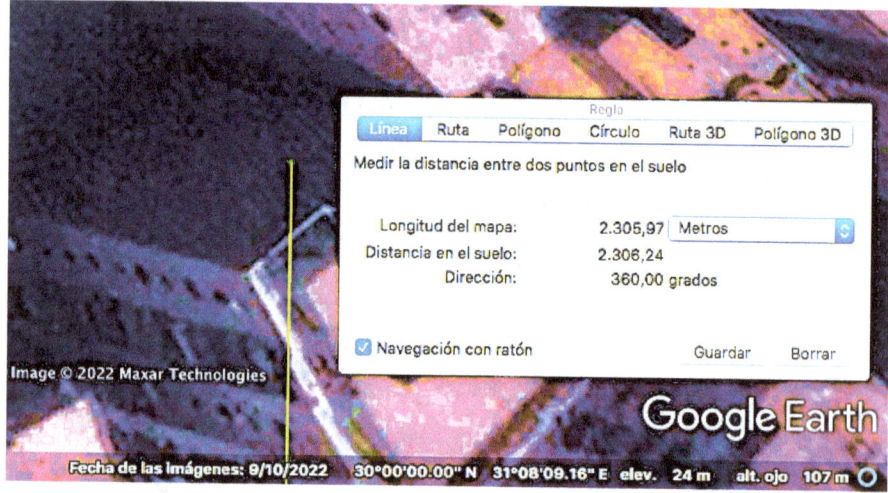

Medición manual con la regla de Google Earth Pro hasta el punto donde emplazan la latitud 30º N los portales Google Maps, Google Earth Pro y CalcMaps; frente a un punto situado en el mismo edificio de la imagen, aunque 18 m más al sur, donde ubican los 30º N otros portales geomáticos.

Diez veces el lado medio de la Pirámide son 2303,75 m y diez veces el lado oeste, el más largo de los cuatro, son 2304,07 m.

Esta longitud equivale a **230** 407 cm. Y según Google Earth Pro la distancia al paralelo 30 son **230** 624 cm. Hay una diferencia de 217 cm o ≈ 2 m, que excede a diez veces el lado mayor de la Pirámide. Un error inferior al uno por mil. ¿Existirá explicación a esta discrepancia?

Encuentro dos posibles explicaciones. Una es que el nivel del mar fuera más bajo en la época que se construyó la pirámide de Keops y otra es la inexactitud métrica de la tecnología geomática actual.

El primer caso es que la cartografía de los paralelos se fija métricamente en razón a la circunferencia del globo y esta se determina en función del nivel del mar respecto al centro de la Tierra. Si el mar sube un metro el paralelo 30º se desplazará 52,36 cm al norte. En cambio, si el nivel del mar bajase 4 metros, el paralelo 30 se iría hacia el sur 209 cm. Casualmente es casi igual a la discrepancia de 217 cm de la medida de Google Earth Pro respecto a las diez veces el lado de la Pirámide. El nivel del mar podría estar así unos 4 m más bajo en la época de la construcción de las pirámides. Pero no tenemos seguridad de eso, aunque sabemos que el nivel del mar sube en estos momentos. Los cambios en el nivel del mar se explican en el próximo capítulo. No obstante, mi razón favorita es la siguiente.

La segunda explicación se basa en la incertidumbre respecto a la exactitud fina de la tecnología actual. Tal vez los que diseñaron la pirámide de Keops contaban con eso y por ello idearon un truco para que la horquilla de todas nuestras discrepancias encajara dentro de esta medida de diez veces el lado de la Pirámide. A continuación vamos a revelar ese truco con el que solventaron este problema de la métrica incierta, el cual ya fue previsto hace 46 siglos.

8
LAS DOS ANCHURAS DE LA PIRÁMIDE DE KEOPS

Como hemos visto, el lado de la Pirámide tiene una longitud de ≈ 230,363 m. Sin embargo, existe una segunda anchura del lado, tal como sabrá el lector si está siguiendo la serie *Lucy y la geometría de los dioses*. Ese segundo ancho es el de la plataforma o zócalo sobre el que se alza la Gran Pirámide. La estructura piramidal de la obra no se asienta directamente sobre la roca madre, sino que hay una base intermedia que la sustenta de unos 50 cm de grosor.

A su vez esta base o zócalo presenta dos anchuras, la superior, es decir, la que mide en la superficie en contacto con las paredes inclinadas de la pirámide, a las que rebasa en unos ≈ 47 cm a cada lado, y la que tiene en el punto de descanso sobre la roca madre, que es todavía algo mayor. La anchura total del zócalo en el suelo rocoso alcanza de media 231,65 m, lo que supone ≈ 1,28 m más que el lado medio de la pirámide visible.

Longitud del lado de la Gran Pirámide sin el zócalo:

230,363 m

Longitud del lado de la Gran Pirámide con el zócalo:

231,65 m

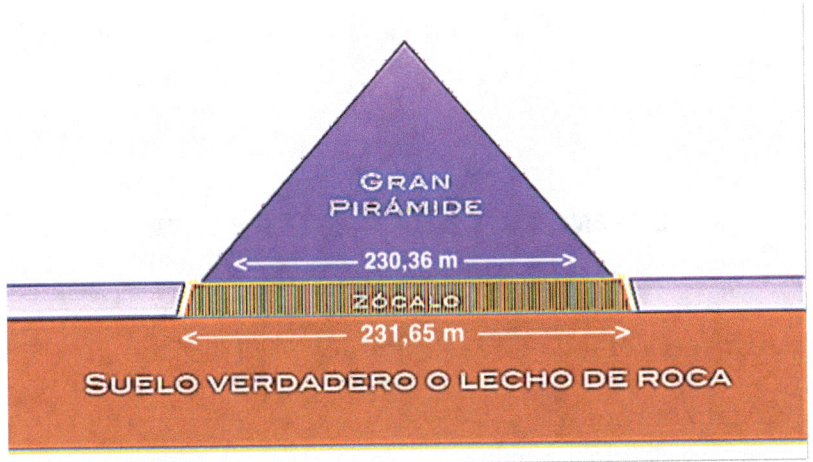

Y ahora viene lo interesante. Diez veces el ancho del zócalo son 2316,5 m. ¿Qué nos recuerda esta cifra? Sí, es la distancia que calculan los portales de medición geomática que alargan más la longitud entre el centro de la Pirámide y el paralelo 30, tal como Mapsdirections y Sunearthtools, que cifran esa distancia en 2316 m.

Mientras que la distancia que yo propuse es 2304,15 m, la cual está rozando diez veces el lado medio (2303,6 m) y cuadra con diez veces el lado mayor (2304,07). Esto significa que cualesquiera sean los cálculos de los portales geomáticos, incluyendo sus diferencias, están dentro de la horquilla que nos proporciona la Gran Pirámide con sus dos anchuras: la de la pirámide visible y la del zócalo.

En el seno de la horquilla de 2304 m a 2316,5 m están incluidas todas las medidas desde el pilar del templo de Keops al paralelo 30 que nuestra tecnología nos posibilita calcular, sin que hoy día sea posible todavía afinar de un modo definitivo la distancia exacta absoluta. Nos tenemos que mantener dentro de esa horquilla de incertidumbre. Y parece ser que los diseñadores del complejo funerario de

Keops lo previeron, dotando a la Gran Pirámide de doble anchura. Así siempre acertamos, dentro de esos 12 m de incertidumbre métrica.

DISTANCIA DEL CENTRO DE LA PIRÁMIDE AL PARALELO 30

Diez veces el lado de la Pirámide	2303,7 m
Cálculo del autor	2304 m
Google Earth Pro	2306 m
Satellite-map.gosur y Satellites.pro	2310 m ?
Google Maps y CalcMaps	2313 m
Mapsdirections y Sunearthtools	2316 m
Diez veces el lado del zócalo	2316,5 m

9
EL NIVEL DEL MAR

Los paralelos no eran un concepto que existiera en la época de las pirámides. Al parecer los paralelos los ideo Claudio Ptolomeo en el siglo II de nuestra era, unos 2700 años después de que se construyera la Gran Pirámide. Y los ubicó con una gran imprecisión pues, aunque ya sabía que la Tierra era redonda, no conocía su tamaño real. Así que era imposible situar con precisión un paralelo.

Y además, ¿acaso los antiguos egipcios no creían que la Tierra era plana? ¿O tal vez conocían que la Tierra era redonda? Y si lo conocían ¿podían calcular su tamaño con precisión y colocar con exactitud los paralelos? ¿Cómo se calcula el tamaño de la Tierra? Las dimensiones del globo se calculan en función del nivel del mar, pues la orografía terrestre es muy desigual. ¿Y cómo se estima el nivel del mar a nivel planetario? El nivel del mar no es estático sino dinámico, debido a las mareas. Cada país tiene su propio nivel del mar. Se calcula en aquel punto de la costa donde la diferencia entre la marea alta y baja sea menor, para de ahí extraer el nivel medio. Los datos de todos los países se unifican y se establece el nivel medio mundial del mar, el cual se referencia con respecto al centro de la Tierra. Con ese nivel medio se calcula el radio terrestre y de ahí sale la longitud de la circunferencia. ¿Conocían los egipcios ese nivel medio mundial en la era de las pirámides?

El nivel del mar ha subido unos 30 cm desde que se inició la era industrial. Antes el mar había estado estable desde la última glaciación. Con las glaciaciones el nivel del mar baja entre 100 y 200 metros. Ahora está subiendo por el cambio climático. ¿Cuál era el nivel marino cuando se construyó la Gran Pirámide? ¿Estaba 30 cm más bajo, o quizá un metro o dos? Supondría que la circunferencia de la Tierra mediría (multiplicando por dos pi) entre uno y seis metros menos, lo que situaría el paralelo 30 varios centímetros más al sur, disminuyendo la inexactitud que antes vimos, aunque es una magnitud insignificante. Pero recordemos que en aquella época no existían siquiera los paralelos ¿O sí? El caso es que la Gran Pirámide se sitúa a una distancia del paralelo 30 que es diez veces su lado, y ese paralelo 30 está calibrado según las medidas del globo referidas al nivel actual del mar o al menos al nivel de la era preindustrial. En dicho nivel la distancia del paralelo 30 —según las medidas calculadas por mí— dividida por diez superaría entonces la exactitud con el lado más largo (8 cm de diferencia) y se acercaría al lado medio, pues el paralelo 30 se situaría 15,7 cm al sur con sólo que el mar estuviera 30 cm más bajo.

Para saber cuánto se desplazaría el paralelo 30 con el cambio en el nivel del mar (el cuál hace que la superficie acuosa de la Tierra se hinche o deshinche como un globo) hay que multiplicar ese cambio por 2 pi (razón del radio con la circunferencia) y luego dividir por 12 (ya que 30º es un doceavo de 360º).

Así, si el mar desciende un metro: (1 m x 6,2832) / 12 = – 0,5236. Y a la inversa, si asciende un metro: (1 x 6,2832) / 12 = + 0,5236 m)

10
EL CUENTO DEL FALSO PILAR DEL UMBRAL

Hasta ahora he mantenido la idea de que en el portal de entrada al templo mortuorio de Keops se alza un pilar, justo en su centro. Un pilar del que todavía debe quedar algún resto visible. Y he defendido esa tesis con imágenes satelitales. Ese pilar ha servido de ayuda como referencia puntual sobre el terreno con la que establecer una latitud clara y una métrica precisa, pese a las limitaciones de la actual tecnología.

Sin embargo, lo más probable es que ese pilar nunca haya existido. Así que todo lo que antes he referido sobre sus medidas y ubicación ha sido en realidad un cuento. El pilar ha servido para ubicar un punto cartográfico exacto y poder ajustar una latitud que divide el templo, la capilla y la pirámide de Keops en dos mitades iguales.

Entonces ¿qué es lo que vemos en las imágenes? Ahí figura un objeto cuadrangular oscuro, con un tamaño que sugiere ser la base o el vestigio de un gran pilar. Sí, ese objeto existe y está justo en el medio del portal de acceso al templo, pero no tiene por qué ser los restos de un pilar.

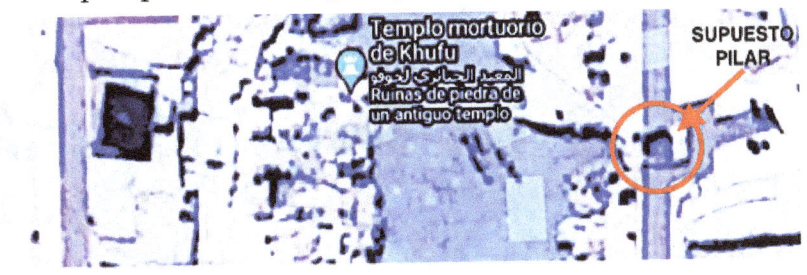

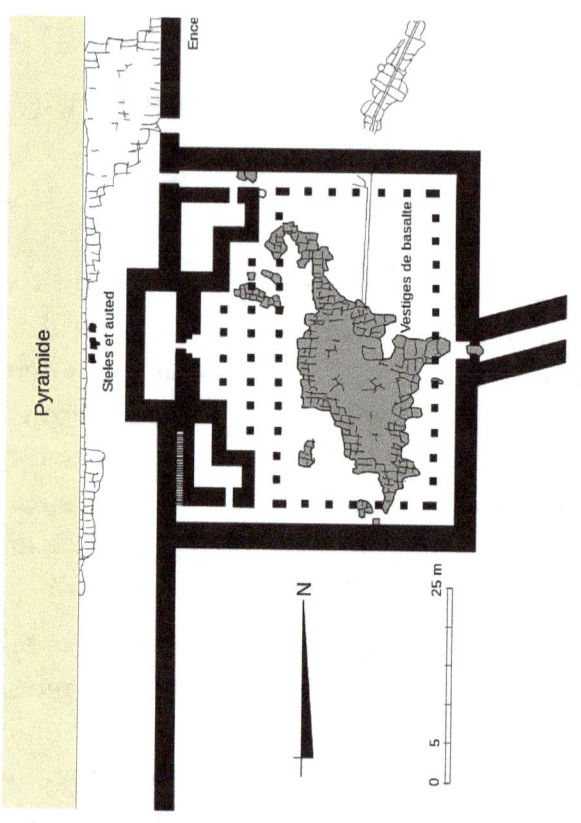

Plano del templo alto de Keops en Guiza.
Autor: Franck Monnier (7 de julio de 2007). Obra de dominio público.

En esta recreación del templo de Keops, que publicó Franck Monnier en 2007, también vemos el supuesto pilar en mitad de la puerta de entrada; aunque se aprecia que es de color distinto al de los 50 pilares que figuraban en el atrio o patio del templo. Y en el patio se resalta una gran mancha del mismo cromatismo que el pilar, mancha que corresponde a vestigios supervivientes del embaldosado de basalto del piso. ¿Acaso serán del mismo material?

Sin embargo, este plano de Monnier tiene un acierto y un error. El acierto se refleja en lo estrecho que era el acceso último al santuario de Keops. Y el error es que el portal de entrada al templo no era como aquí lo dibuja.

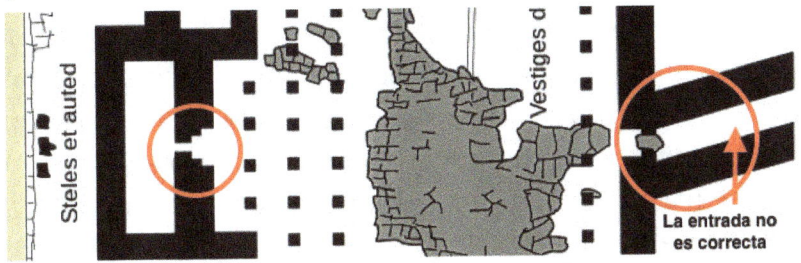

La estructura verdadera de la entrada al templo, tal como ha sido reconstruida por los arqueólogos, se aprecia en la imagen satelital.

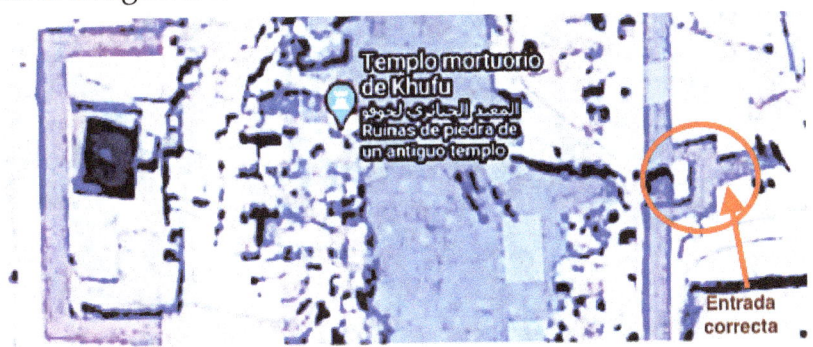

Al templo alto no se entraba de modo directo desde un espacio abierto exterior, sino que era preciso acceder a través de una calzaba cubierta y cerrada con paredes que venía desde el templo bajo o del valle, a unos ochocientos metros de distancia en dirección noreste. Apreciamos en la imagen cómo conectaba la calzada cubierta con el muro de entrada al templo. La unión se producía en una curiosa estructura oblicua, que sigue el ángulo de la calzada, pero que presenta un antemuro adelantado a la línea del muro del templo, formando una especie de antesala. ¿Estaba en medio de dicha antesala el pilar axial del que tanto hemos hablado o no existía tal pilar? En caso de existir, habría que rodear ese pilar para entrar al atrio del templo.

En la siguiente imagen vemos lo que es en realidad el supuesto pilar. ¿Es un vestigio de uno de los pilares de granito del templo? Más bien parece una de las losas de basalto del piso del templo. ¿Quién la dispuso en el punto que marca el centro de la entrada o umbral del templo?

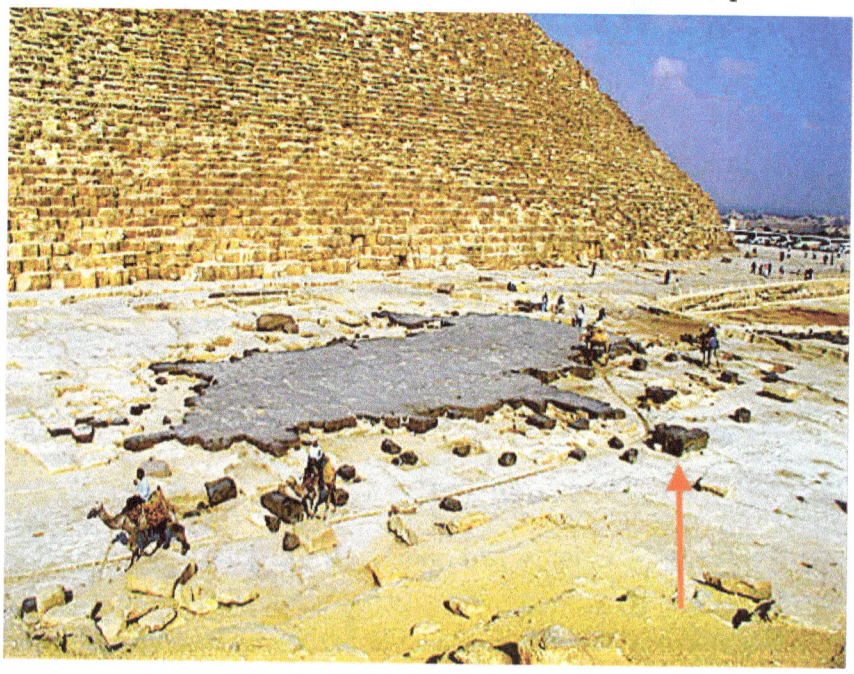

Autor: Jon Bodsworth (2007)
Licencia de uso libre con derechos de autor

Aquí vemos los vestigios del piso de basalto del templo en el lado este de la Pirámide y el falso pilar.

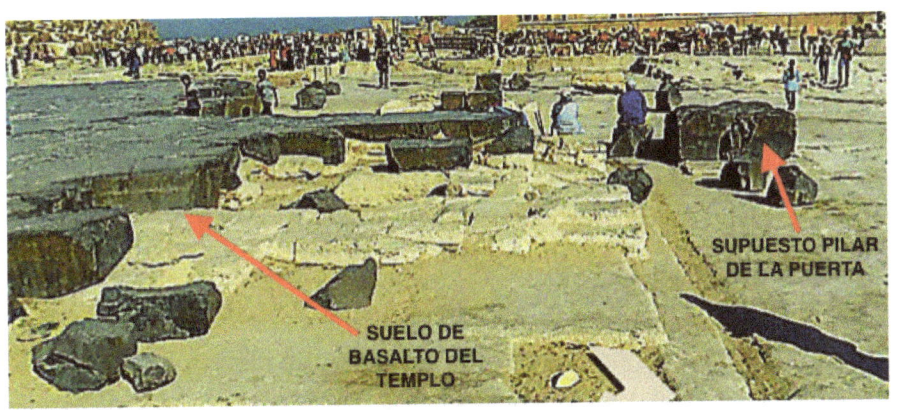

Detalles ampliados de imágenes en 360º publicadas por Sergey Soldatenkov en el Street Wiew de Earth Pro.

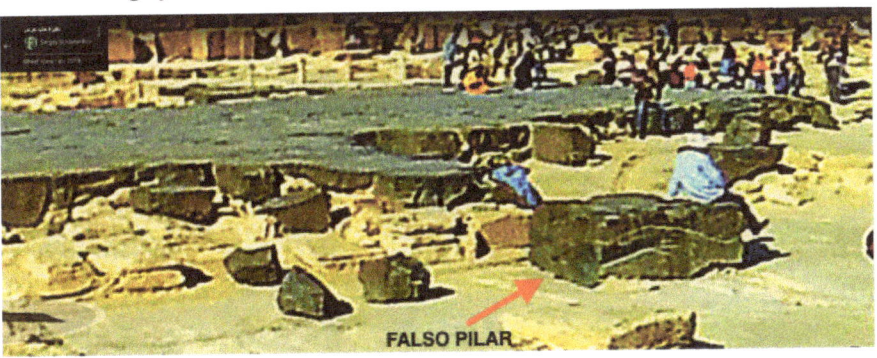

Se aprecia que el supuesto pilar no es sino uno más de los bloques de basalto del piso del templo. Más grueso que los otros, eso sí. Aparenta unos 80 o 90 cm de altura. Está posicionado justo en mitad del umbral de entrada y por tanto formaría parte del pavimento del mismo. ¿Ha sobrevivido en ese lugar durante milenios o algún arqueólogo lo trasladó y ubicó ahí para señalar el punto central de la entrada? El caso es que se encuentra en la latitud que concuerda con los números exactos de la velocidad de la luz en km/s.

11
EL POZO FUNERARIO EN LA CAPILLA DE KEOPS

Subiendo por una calzada cubierta desde el templo del valle, templo inferior o templo de bienvenida, situado al noreste, el visitante llegaba hasta la antesala del templo alto o templo mortuorio de Keops, que se hallaba anexo al lado oriental de la pirámide (rodeada por un muro de 8 m de altura), pero sin contactar con ella. La antesala estaba cerrada por una gran puerta de dos hojas. Tras la apertura de esta se cruzaba el umbral o antesala y se accedía a un vasto patio ceremonial, pavimentado con basalto negro.

El patio, de 20 x 45 m, estaba porticado, rodeado con pilares cuadrados y pilares rectangulares en las esquinas, unos de granito rojo y otros de granito negro. Las paredes de los muros, que se sabe eran de piedra caliza, estaban decoradas con bajorrelieves, de los que han sobrevivido algunos restos, entre los que figura una representación de Keops portando la corona roja.

En el lado occidental del patio, tras el pórtico, había un salón cuyo techo estaba sustentado por doce pilares de granito. En la parte más occidental de esta sala se abría un umbral, de estrechez creciente, que conducía al santuario donde se rendía culto fúnebre al faraón. Se desconoce la decoración de esta sala íntima, aunque, en función de los restos hallados en templos de otras pirámides, se supone que debían haber estelas, mesa ceremonial, puertas falsas y estatuas.

El rectángulo oscuro que en las imágenes satelitales aparece en la mitad norte del santuario o capilla de Keops es un pozo funerario o pozo de enterramiento de 5 m x 5 m. Se cree que el pozo se excavó en la época saíta, que es una de las fases del Periodo Tardío o Baja Época, entre los siglos VII y VIII a. C. ¿Por qué se excavó este pozo en ese lugar preciso de la capilla de adoración a Keops? Resulta extrañamente curioso que el pozo esté encajado con gran precisión cartográfica entre el paralelo de la velocidad de la luz en km/s al sur y el paralelo de la velocidad de la luz en m/s al norte (según Google Earth Pro, Google Maps y CalcMaps). Estos paralelos están separados por 5 m y el pozo mide 5 m de norte a sur. La precisión geométrica es asombrosa.

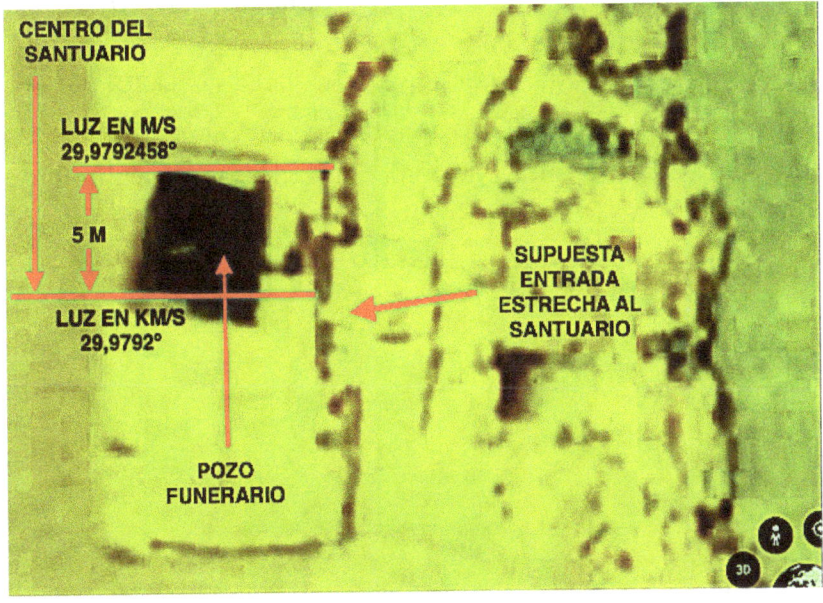

Google Earth Pro

En el próximo capítulo perseguimos desentrañar la razón del paralelo de la velocidad de la luz en km/s en el templo y el santuario de Keops. En cuanto al sentido del paralelo de la velocidad de la luz en m/s en este complejo funerario, remito al libro *Rosetau: los senderos secretos de la luz (tomos uno y dos)*. Allí descubriremos que la necrópolis de Guiza esconde una trama geométrica y cartográfica de asombrosa perfección, que desafía nuestros conceptos del espacio y el tiempo. Alguien dominaba en aquella época el tiempo sagrado y la geografía mística, las herramientas maravillosas con las que fue diseñado el hermoso planeta en el que existimos. Y ese alguien es, sin duda, un poder sobrehumano. Rosetau es su sello y, a la vez, un portal al reino de lo oculto. Un portal a la matriz divina.

Una matriz en la que nacen, renacen o se regeneran los dioses; y en la que los seres humanos transforman su naturaleza y pueden convertirse también en seres divinos. Una matriz simbolizada, en un espacio sagrado de Egipto, por las pirámides de Guiza y el león con cabeza humana o Esfinge. Esfinge mitad animal y mitad dios, guardiana de las puertas de Rosetau. Rosetau que extiende sus caminos ultrafísicos por el intrauniverso y el reino estelar.

12

EL FARAÓN KEOPS
Y LA VELOCIDAD DE LA LUZ

Hay en la Gran Pirámide otro hecho georreferencial más asombro aún que la distancia de diez veces el lado desde su centro al paralelo 30. La gran mole está dividida por un paralelo que se consigna con un número igual al que identifica la velocidad de la luz. La luz no viaja en el vacío a 300 000 km/s, ya que es un redondeo, sino que su velocidad exacta son 299 792,458 km/s. Y el paralelo que está en la latitud 29,9792458º, coincidiendo con idénticos números de la velocidad de la luz en metros por segundo, cruza la Gran Pirámide muy próximo a su centro. Pasa a sólo 3,5 m al norte, según el cálculo de latitud del centro de la Pirámide (29,9792142452º N) que realizo en el libro *Rosetau: los senderos secretos de la luz.*

29,9792458º − 29,9792142452º =

0,00003155479º

y

0,00003155479º x 110 852,4 m =

3,4979... ≈ 3,5 m

O bien 5 m al norte, según la inferior latitud 29,9792º que dan para el centro de la Gran Pirámide en medición manual los portales geomáticos Google Earth Pro, Google Maps y CalcMaps.

$$29{,}9792458° - 29{,}9792° = 0{,}0000458°$$

$$0{,}0000458° \times 110\,852{,}4 \text{ m} = 5{,}07 \text{ m}$$

¿Es una simple casualidad que un paralelo que se identifica con los mismos números de la velocidad de la luz cruce a la Gran Pirámide casi por su centro? Y si no es casualidad... ¿cuál es la razón de esa mínima distancia? ¿Un error de exactitud? ¿Acaso ese paralelo tiene también relación con la Esfinge? ¿Conocían los antiguos egipcios la velocidad de la luz? Evidentemente no. Entonces ¿por qué se construyeron estos monumentos tan significativos en torno a ese paralelo luz? ¿Otra casualidad como la de la distancia diez veces al paralelo 30?

Aquí no vamos a exponer la relación de la pirámide de Keops y la Gran Esfinge con el paralelo de la velocidad de la luz en **metros por segundo**, pues se trata en el libro *Rosetau: los senderos secretos de la luz*. Lo que explicaremos en este capítulo es la relación de la velocidad de la luz en **kilómetros por segundo** con el faraón Keops.

Prescindiremos de la velocidad de la luz en metros por segundo y nos centraremos en la velocidad de la luz en kilómetros por segundo, ya que sus números coinciden con los de la latitud que divide en dos partes simétricas a la pirámide, el templo y la capilla de Keops.

- Velocidad de la luz en km/s = 299 792 km/s

- Latitud exacta del paralelo que marca el centro del complejo funerario de Keops = 29,9 792º N

Lo que propongo aquí es que en los equinoccios, en los primeros instantes en que el sol del amanecer aparece por el horizonte, justo por el Este perfecto, un fino haz de rayos dorados atravesaba el umbral del muro oriental del templo de Keops, recorría el gran patio porticado, la sala cubierta que está antes del santuario y entraba al interior oscuro de este recinto por su estrecha puerta de acceso.

Los rayos de luz incidían entonces en la estatua del faraón Keops; que estaba situada ante el muro occidental del santuario, casi en su centro. La efigie del faraón era iluminada durante unos instantes por un haz de luz solar muy especial. Esos dorados rayos solares, que acariciaban la estatua de Keops, estaban surcando en esos momentos la línea de un paralelo cuyos números cartográficos eran iguales a los de la velocidad de la luz en kilómetros por segundo. El milagro lumínico duraría un minuto o dos.

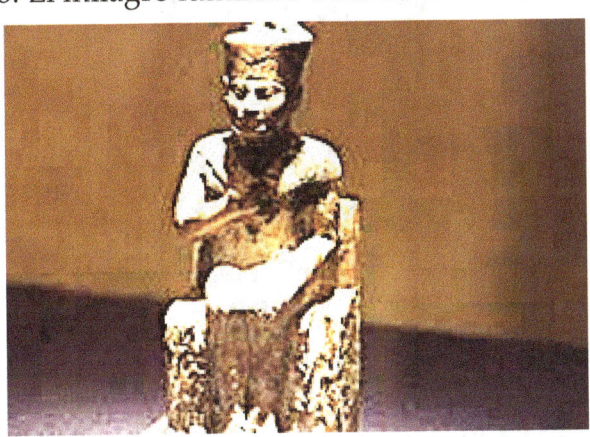

Es verdad que en otros templos egipcios también se reproduce el fenómeno de que un haz de luz solsticial, o bien equinoccial, penetre hasta el fondo de la naos más oscura e ilumine a un dios o a un faraón. Sin embargo, en ninguno de esos templos el rayo de luz solar recorre la línea de un paralelo cuya latitud manifiesta los números de la velocidad de la luz en kilómetros por segundo. No ocurre ese fenómeno de sincronía cartográfica de la luz en ningún templo del antiguo Egipto, pero tampoco sucede, ni ha sucedido nunca, en templo alguno del mundo.

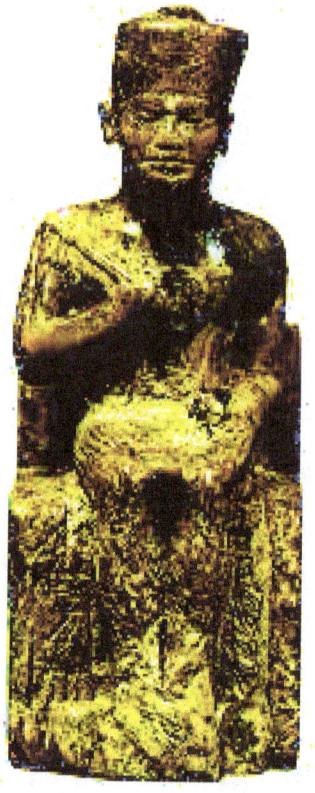

La luz penetraba por un resquicio del muro oriental de la antesala o umbral del templo, justo en el punto en el que se une el muro de la calzada con el muro del umbral. Esa abertura debía tener una anchura de sólo medio codo, es decir unos 26 cm. La luz seguía el trazado del paralelo 29,9792º, atravesaba el atrio y penetraba por la puerta del santuario, que en su parte más estrecha debía medir sólo un par de codos. En el centro del muro occidental, o muro oeste del santuario, se hallaba la estatua del faraón Keops, justo también sobre el paralelo de la velocidad de la luz.

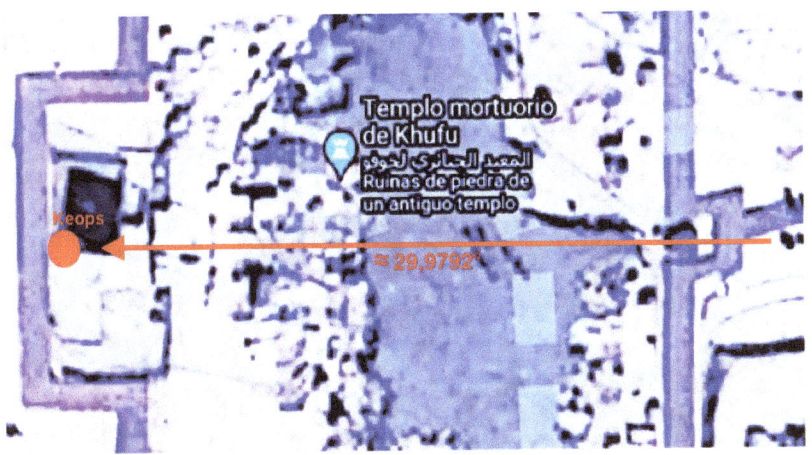

Sin embargo, esta justeza de la estatua del faraón no era del todo cabal con el paralelo 29,9792º de la velocidad de la luz, igual que tampoco era exacta con esta latitud la estrecha entrada al naos o santuario. Creo que, en ambos casos, se situaban desplazados unos 70 u 80 cm al sur (con seguridad menos de 1 m). La posible razón de esta breve imperfección radica en el hecho de que al emerger el sol en el amanecer del equinoccio sobre la latitud 29,9792º no tienen aún sus rayos fuerza suficiente para penetrar hasta el interior del santuario. El disco del sol necesita salir del todo y alzarse sobre la orografía del paisaje del horizonte para proyectar su luz. Y en esos breves instantes el sol ya se desplaza unas milésimas de grado al sur, pasando de estar en 29,979 2º a 29,979 19º. Es en ese momento cuando sus rayos matutinos atraviesan la oscuridad del templo y llegan hasta la estatua de Keops.

Esta pequeña desarmonía entre el sol que nace en el horizonte en el amanecer del equinoccio y la luz de sus rayos en el interior del santuario (pequeña discordancia de tiempo y latitud) parece confirmarla el hecho de que la puerta del santuario no está alineada con su centro, sino desplazada unas milésimas de grado al sur. Al menos eso parece sugerir la foto satelital de las ruinas de la entrada a la capilla en algunos portales geomáticos, como Earth Pro y Google Maps.

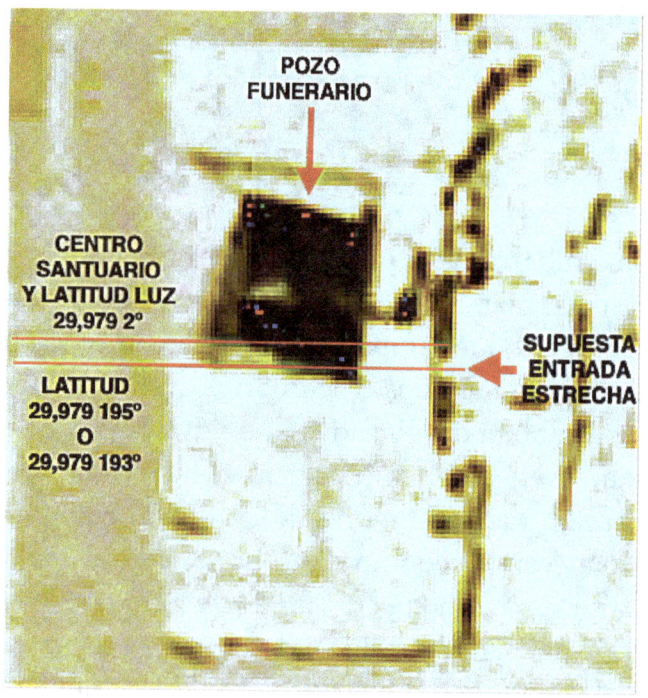

No obstante, estas dos latitudes, tanto la de la luz en km/s como la de iluminación, pasan sobre la gran piedra que está en el centro de la entrada o umbral al templo. La primera atraviesa el borde norte de esa piedra de basalto (que antes la hemos considerado la base de un pilar) y la segunda cruza por su borde sur. Así que sobre el simple espacio de anchura de una piedra, que todavía sobrevive hoy día, podemos situar la latitud de la velocidad de la luz y la latitud de iluminación de la estatua de Keops en el oscuro interior de su santuario.

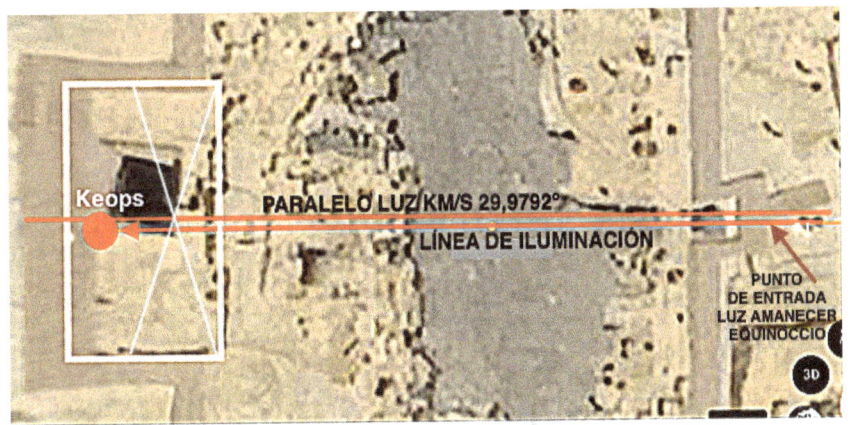

Google Earth Pro

En cambio, el plano que Frank Monnier dibuja para recuperar la planta del templo de Keops no considera esta discordancia, pues alinea la piedra que está en mitad del umbral con la estrecha entrada al santuario.

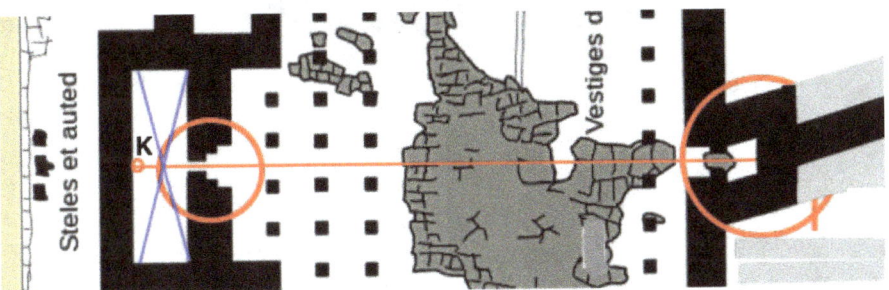

Plano de Frank Monnier, pero donde le he corregido la entrada o umbral del templo, adecuando su forma a los vestigios arqueológicos.

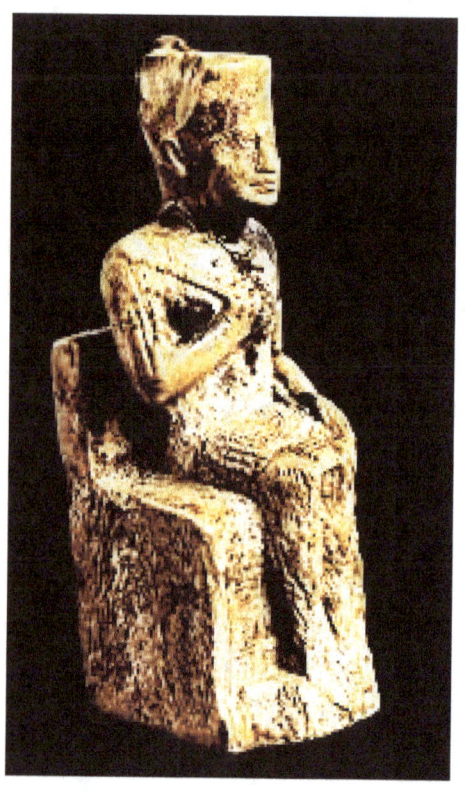

Pequeña escultura del faraón Keops entronizado.

Ya hemos expuesto las claves cartográficas y métricas relacionadas con el paralelo 30, pero ¿dónde está la citada llave 144, referida al principio? En efecto, todavía no nos hemos introducido en esa materia. No obstante, todo lo desvelado hasta aquí, comparado con lo que nos revelará la llave 144, no es nada. Lo bueno viene ahora.

SEGUNDA PARTE

LA ESFINGE Y EL PARALELO CERO

13

EL PARALELO CERO

Ya hemos visto a qué distancia del paralelo 30 se sitúa la Gran Pirámide. La siguiente pregunta es: ¿a qué distancia se encuentra la Gran Esfinge del ecuador? La distancia al ecuador es enormemente mayor. Si al paralelo 30 hay sólo 2,3 km, al ecuador son miles de kilómetros. ¿Cómo puede calcularse? En la era de las pirámides era quizá imposible saberlo, pero hoy es relativamente fácil. Aunque hay que tener cierto cuidado al calcularlo.

Alguien puede pensar que conociendo la latitud a la que se halla la Esfinge sabremos los grados al ecuador, y basta multiplicar por lo que mide en metros un grado, tal como antes calculamos la distancia al paralelo 30. Sólo que ahora no podemos aplicar este principio, pues resulta que cada grado del globo tiene una longitud distinta, ya que la Tierra no es una esfera perfecta, sino achatada en los polos, por lo que los grados incrementan su extensión métrica conforme nos desplazamos hacia los polos.

Para calcular la distancia desde la Esfinge al ecuador podríamos sumar uno por uno la longitud distinta de los primeros 29 grados y añadir luego la fracción del grado 30. Sin embargo, como la Esfinge se halla muy próxima al paralelo 30 podemos efectuar un atajo, el cual sería saber directamente la distancia del paralelo 0 al paralelo 30 y a continuación restarle la distancia desde la Esfinge a este paralelo. Como este paralelo 30 es muy importante tiene su propia página en Wikipedia y en la edición en español, francés, portugués y catalán figura la distancia al ecuador: 3320 km.

Para calcular la distancia de la Esfinge al paralelo 30 hay que saber primero su latitud. Y aquí encontramos la misma dificultad que en la Pirámide. Según la fuente de Wikipedia consultada, en función del idioma, aparece una latitud u otra, con mínimas discrepancias. Ocurre porque es muy difícil situar un punto central de anclaje, que debe ser la mediana de la escultura, y todas esas latitudes están en algún lugar del ancho del lomo o la cabeza. Calculada manualmente por mí, situando el punto de referencia en la Estela del Sueño o de la Esfinge, ubicada bajo su pecho y entre sus patas, la latitud de la mediana es 29,975277º.

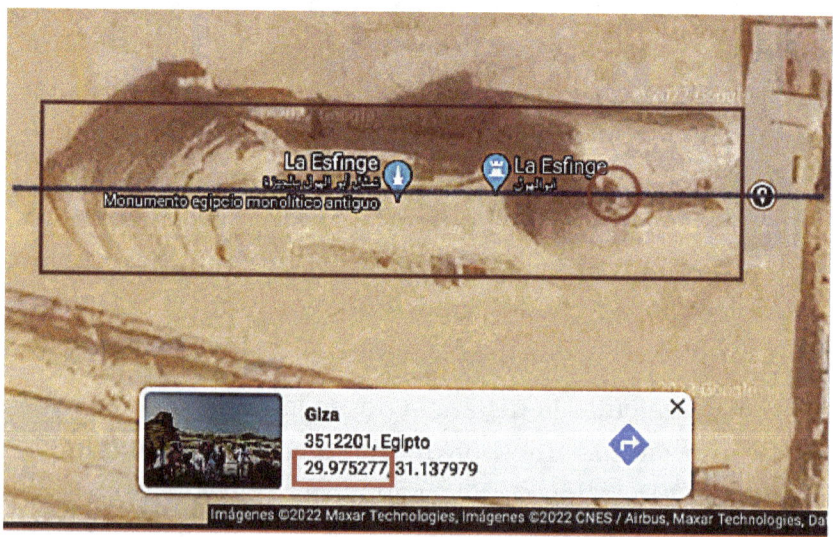

En esta imagen de Google Maps vemos que la Esfinge está perfectamente centrada con la latitud 29,975277º, la cual atraviesa la Estela del Sueño ubicada entre sus patas y delante de su pecho. La fotografía satelital es casi vertical, ligeramente inclinada hacia el sur.

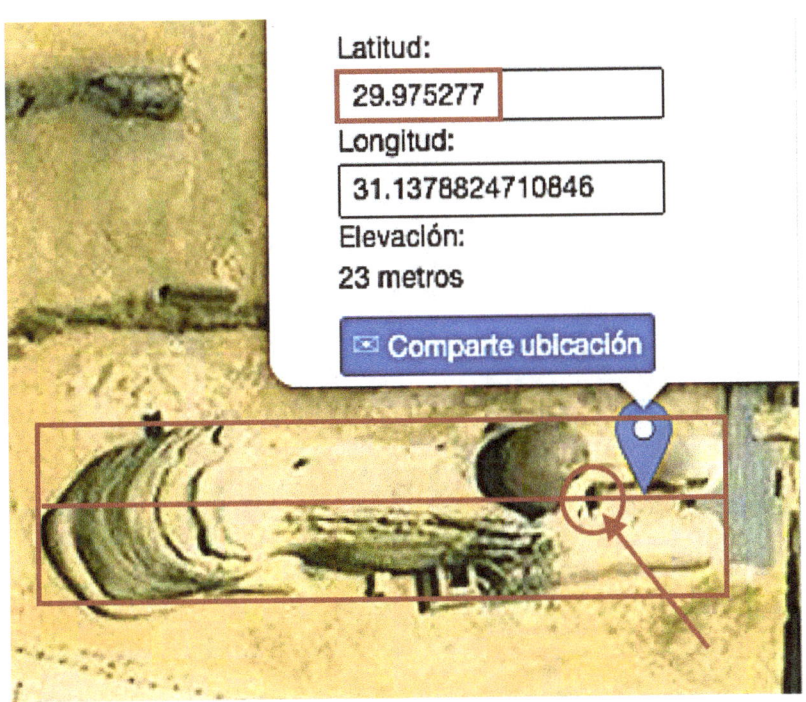

En cambio, en el portal de Mapsdirections la imagen de la Esfinge aparenta estar inclinada y un poco desplazada hacia el norte con respecto a la latitud 29,975277º; algo esperado, como ya vimos antes que ocurría igual con el centro del complejo funerario de Keops. Sin embargo, ese paralelo 29,975277º cruza también la Estela del Sueño, por lo que la latitud es correcta respecto al centro de la escultura, pese a que puede haber un metro o dos de incertidumbre o discordancia frente a Google Maps, Google Earth Pro y CalcMaps.

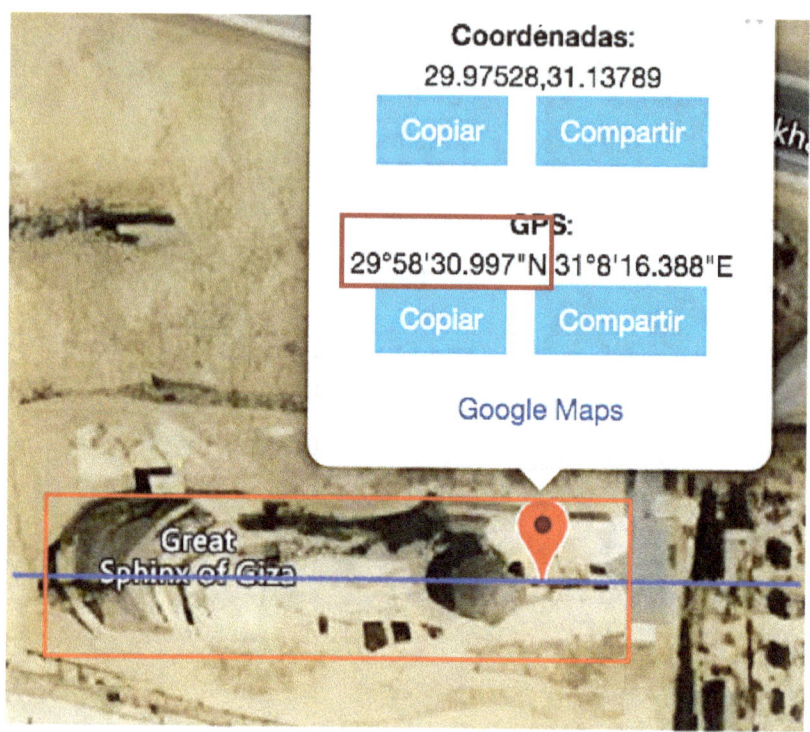

La latitud en modo decimal 29,975277º corresponde en sexagesimal a 29º 58' 30,9972". El portal CalcMaps da un redondeo al alza en decimal y en sexagesimal ofrece una exactitud con tres dígitos decimales en los segundos. Vemos que la coordenada sobre la Esfinge es muy similar a la de Google Maps, aunque aquí pasa un poco más al sur, y difiere más con Mapsdirections. No obstante también cruza la Estela del Sueño.

Esta latitud 29,975277º N marcaría el paralelo de la Esfinge. ¿Cuál es la distancia de dicho paralelo al paralelo 30? De nuevo los restamos y multiplicamos la diferencia por los metros norte-sur que corresponden a ese paralelo.

$$30º - 29{,}975277º = 0{,}024723º$$

y

$$0{,}024723º \times 110\,852{,}4 \text{ m} = \mathbf{2740{,}6} \text{ m}$$

Reseñemos:

distancia entre el paralelo 30 y el de la Esfinge =

2740,6 m

Ahora hay que restar estos metros a la distancia del paralelo 30 al ecuador. La página que tiene este paralelo en Wikipedia consigna una distancia de 3320 km. Parece demasiado fácil. Es evidente que se trata de un redondeo en kilómetros.

Para buscar precisión recurrimos de nuevo al WGS 84 y averiguamos que la verdadera distancia del paralelo 30 al ecuador son en realidad 3320,11375 km, es decir, que en Wikipedia faltan casi 114 m. Restamos a esta longitud la que hay entre el paralelo de la Esfinge y el paralelo 30, antes calculada en 2740,6 m, para que la cifra resultante nos desvele el metraje exacto de la Guardiana de Guiza al ecuador.

$$3320{,}11375 \text{ km} - 2{,}7406 \text{ km} =$$

3317,37315 km

que en metros son:

3 317 373,15 m

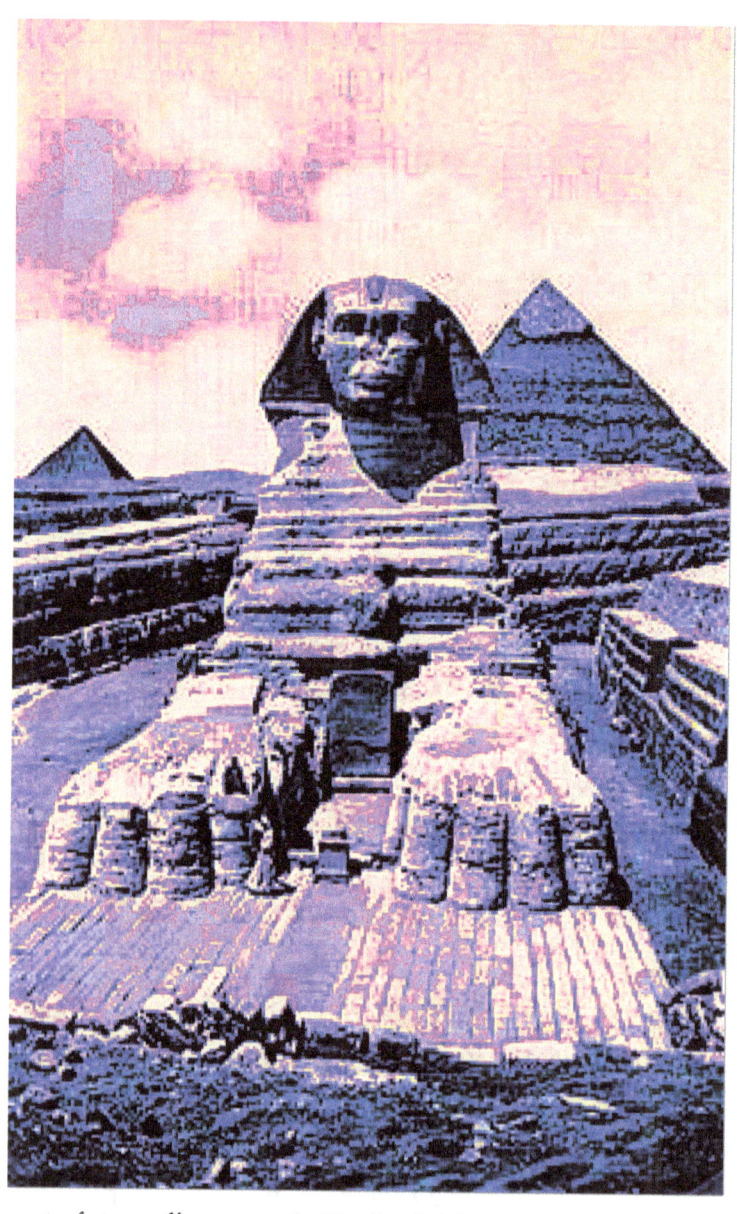

En esta fotografía vemos la Estela del Sueño entre las patas de la Esfinge. Su rostro mira exactamente al Este y tras ella se distingue la mole de la pirámide de Kefrén, que en el estado actual tiene unos 139 m de altura.

14

LA LLAVE 144
O LA GEOMETRÍA MÍSTICA

¿Esta distancia de **3 317** 373,15 m significará algo? Pues tal como la vemos no reconocemos nada. Pero ahora es cuando hay que aplicar la llave 144 para que se levante el velo. Las llaves son un número, pero se puede jugar con la coma o los ceros, pues en ambos casos no se cambia la esencia del número. Aquí añadimos dos ceros y convertimos la llave 144 en la llave 14 400 (también nos valdría 14,4 o 144 000, etc.) Antes dijimos que las llaves son proporciones. Por tanto habría que multiplicar o dividir esa distancia. Lo correcto aquí es dividir. Así:

3 317 373,15 metros / 14 400 =

230,373 1354 metros

que en centímetros son:

23 037, 3 cm

Ahora sí se manifiesta una cifra reconocible. En la parte primera de este librito vimos que el lado medio de la pirámide de Keops eran 23 037 cm. La correspondencia entre el lado de la Gran Pirámide y la distancia desde el paralelo de la Esfinge al ecuador mediante la proporción de la llave 14 400 es de una precisión insuperable. ¿Cómo pudieron ubicar la Esfinge con esta perfección geodésica tan sumamente afinada y vinculada a las dimensiones de la arquitectura de la Gran Pirámide?

Esto significa que el paralelo que corresponde a la mediana de la Esfinge está geocalibrado con tal precisión que dividiendo su distancia geográfica al ecuador por la longitud del lado de la Gran Pirámide se desvela la clave 14 400. ¿Casualidad?

$$3\,317\,373{,}15 \text{ m} / 230{,}3731354 \text{ m} =$$

14 400

Aquellos que tallaron la Gran Esfinge, guardiana de la necrópolis de Guiza, ¿eligieron ese emplazamiento por puro azar orográfico o acaso conocían ya esta proporción 14 400? Aunque parezca increíble, tal vez ellos dijeron: «Vamos a ponerla justamente aquí, para que la distancia al ecuador sea 14 400 veces la longitud del lado de una Gran Pirámide que después construiremos, o que hemos construido ya». Es posible que la pirámide de Keops fuera construida antes y se tallara la Esfinge después o al revés. En todo caso la precisión y correspondencia geográfica y arquitectónica es insuperable. No obstante, alguien puede pensar también que todo es mero fruto de una asombrosa y fortuita casualidad. Pero ... ¿y la presencia y conexión geográfica con el paralelo de la velocidad de la luz, antes citado? ¿Es también casualidad? ¿Qué papel tiene la clave de la velocidad de la luz en este escenario de imposible geodesia matemática? Eso no lo veremos aquí; aunque, si deseas conocerlo, se desarrolla con total profundidad en el libro *Rosetau: los senderos secretos de la luz*.

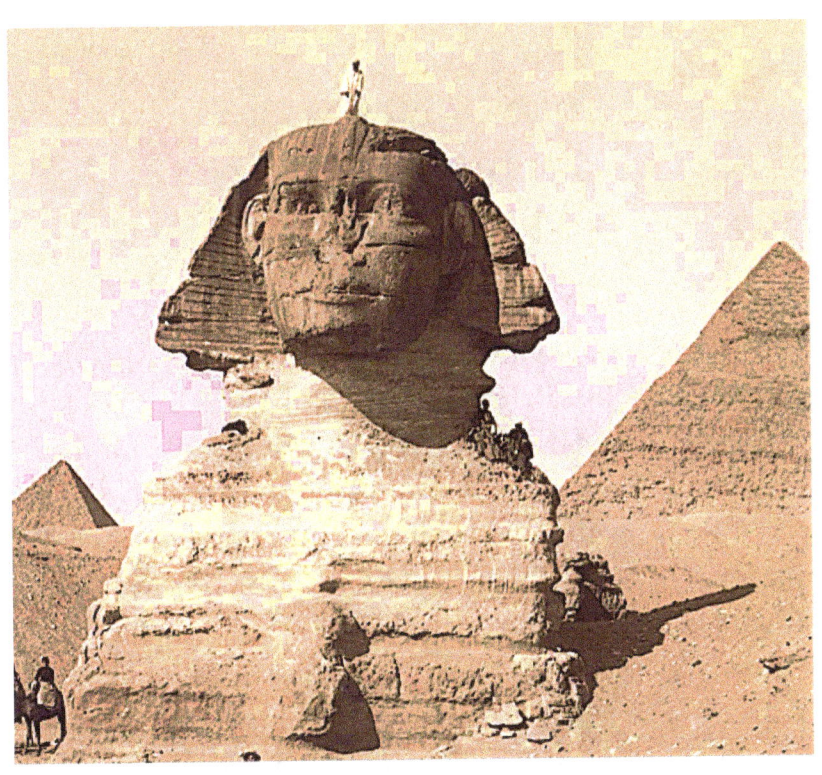

El hombre que está de pie en la cabeza de la Esfinge, tras la descabezada serpiente Uadyet, se halla en la latitud 29,975277º, que sabemos marca la distancia exacta hasta el ecuador multiplicando por 14 400 el lado medio de 230,373 m de la cercana Gran Pirámide.

¿A qué razón obedece esta exacta proporción numérica? ¿Qué oculta la clave 144? ¿Acaso es un número místico? ¿Por qué relaciona este número los monumentos de la Gran Esfinge y la pirámide de Keops con los paralelos 0 y 30 de la geografía terrestre?

15
CRONOGEOMETRÍAS
O TIEMPO SAGRADO

También podemos enfocar nuestra perspectiva en el perímetro de la Pirámide y no en el lado. El perímetro suma una longitud cuatro veces mayor que el lado y por tanto dicha proporción 14 400 tendrá que ser una cuarta parte. Pues resulta que la cuarta parte de 14 400 es 3600, que son los segundos que tiene una hora. Por lo que al dividir la distancia de la Gran Esfinge al ecuador por la proporción 3600 —igual a los segundos de una hora— tenemos justo el perímetro de la Gran Pirámide. ¿Acaso es tiempo o es espacio lo que estamos midiendo?

230,3731354 x 4 = 921,4925416 m =

perímetro Gran Pirámide

y

Perímetro Gran Pirámide x Segundos en una hora =

Distancia Esfinge → Ecuador

921,4925416 m x 3600 =

3 317 373,15 m

y

Distancia Esfinge al Ecuador / Segundos en una hora =

Perímetro Gran Pirámide

3 317 373,15 m / 3600" =

921,4925416 metros

Y por elemental lógica aritmética, si lo que ahora dividimos es la distancia de la Gran Esfinge al ecuador por 1440 obtenemos la distancia del centro de la Pirámide al paralelo 30, que es diez veces el lado de la Pirámide.

3 317 373,15 m / 1440 = 2303,731354 m

Por tanto:

Distancia Esfinge al ecuador /

distancia centro de la Pirámide al paralelo 30 =

1440

3 317 373,15 / 2303,731354 = 1440

Pero además resulta que 1440 son los minutos que tiene un día (24 x 60 = 1440). Por lo que si dividimos la distancia de la Esfinge al ecuador por los 1440 minutos de un día se revela la distancia del centro de la Pirámide al paralelo 30.

Distancia Esfinge al ecuador / Minutos en un día =

Distancia centro Pirámide al paralelo 30

3 317 373,15 m / 1440 = 2303,731354 m

= 2,303 km

Aunque, puede expresarse también así:

la distancia del centro de la Pirámide al paralelo 30 multiplicada por los 1440 minutos de un día revela la distancia de la Gran Esfinge al ecuador.

$$2303{,}731354 \times 1440 = 3\,317\,373{,}15 \text{ m}$$

Y un apunte final sobre la llave 144. Cité antes que este número aparece múltiples veces en el Apocalipsis. Sin embargo, también es posible descubrirlo en el Libro del Génesis, aunque aquí está en modo críptico u oculto. Y lo está tanto en la Torá judía, como en la Biblia cristiana y el Corán islámico. Dios, Alá o Elohim *ha creado los cielos y la tierra en seis días*. Y claro, seis días son 144 horas (6 x 24 = 144). Por lo que 144 señala el «tiempo de creación» en el orden simbólico divino.

Esto significa que la llave 144 representa un tiempo sagrado, el cual interconecta el santuario de Guiza con el tamaño y proporción de la Tierra. La Tierra es un planeta sagrado, un planeta apto para la vida y la germinación de la conciencia, diseñado y bendecido por los dioses.

No existen planetas con vida en el universo que no hayan sido diseñados por la inteligencia de seres divinos. El nuestro es un paraíso cósmico, una 'rara avis' entre los miles de millones de globos estériles en el cosmos. En un tiempo también sagrado fue planificado el nacimiento y la evolución del hermoso mundo que habitamos. Y más allá de este mundo físico está el intramundo, del que Rosetau es su matriz esencial.

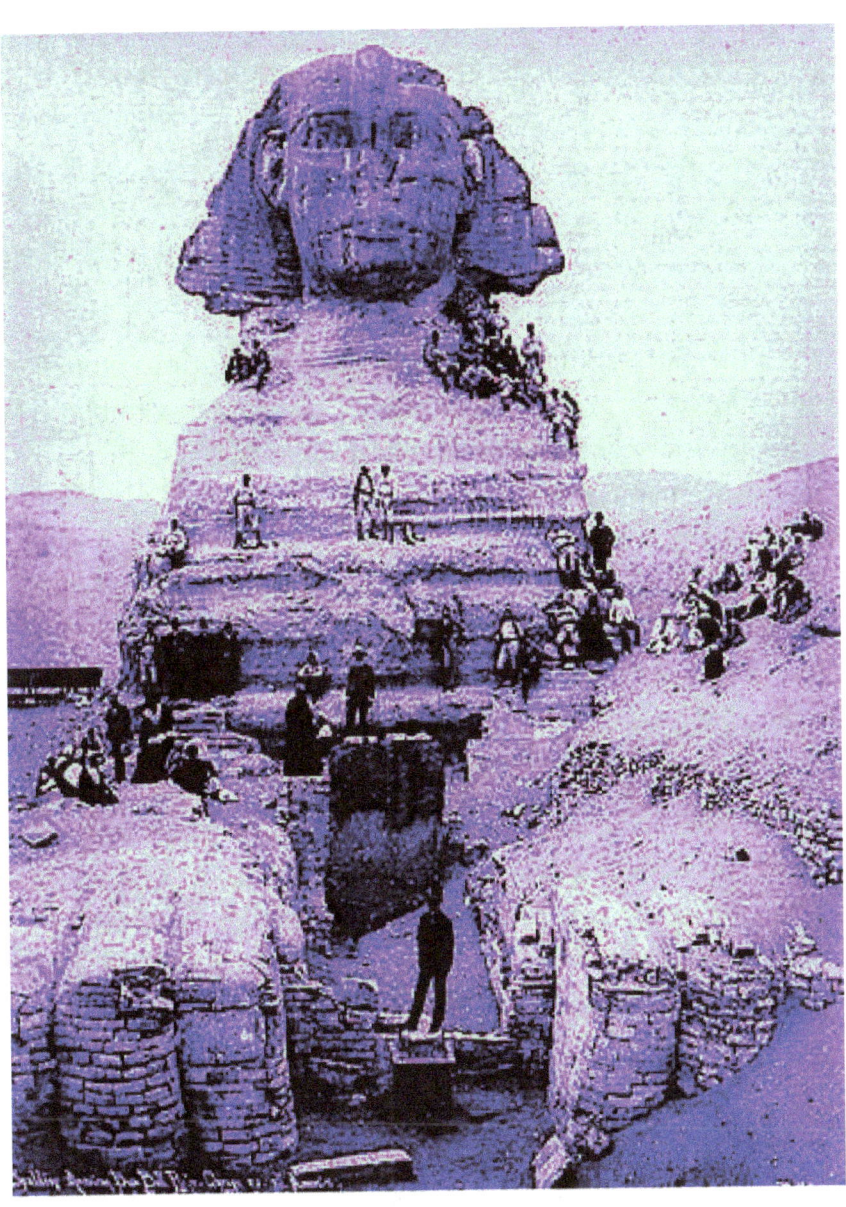

El hombre del primer plano se encuentra en la mediana de la Esfinge. Está de pie sobre un pilar o soporte de lo que antaño fue quizá una mesa de ofrendas o un altar.

16
LAS DOS COLINAS Y EL ALBA DEL MUNDO

Llegados aquí debemos efectuar un último análisis geométrico. Si la Gran Pirámide o la Esfinge se hubieran situado unos centímetros más al norte o unos centímetros más al sur sería imposible este fino encaje geométrico. Y si la Pirámide tuviera otras medidas, unos centímetros más pequeña o más grande, tampoco cuadrarían las medidas. Para que todo armonice a la perfección fue necesaria una tecnología y un conocimiento de la Tierra equiparable al menos al actual.

Los maravillosos artefactos pétreos monumentales de la necrópolis de Guiza son una caja llena de sorpresas geo-matemáticas. ¿Quién planificó su exactísima ubicación? ¿Quién dispuso sus precisas medidas arquitectónicas? ¿El azar, una élite de sabios arquitectos y astrónomos... o el genio de los dioses?

Lo curioso es que, en realidad, la Gran Esfinge y la Gran Pirámide siempre estuvieron ahí. Desde el principio de los tiempos, desde mucho antes que los seres humanos hicieran su aparición sobre este planeta. Sólo que en su origen no tenían esas formas, sino que eran dos simples montículos que emergían sobre la ondulada planicie de la meseta rocosa de Guiza.

Esas dos colinas no eran muy altas, sino más bien unos meros montículos de piedra caliza que se elevaban ambos entre 35 y 40 metros de altura; separadas las dos cumbres por apenas ≈ 550 m, equivalentes a ≈ 1050 codos reales; enlazadas en un ángulo de 35º respecto al norte y 55º del oeste. Sobre el montículo más septentrional y de mayor tamaño se construyó, subiendo hacia el cielo, una pirámide, sustentada la obra por ese firme núcleo de roca madre. El meridional, de diámetro y altura menores, aún fue reducido más y empleado para esculpir en su centro una cabeza humana, sobre un estrato de dura caliza gris; luego, siguieron excavando en el suelo del lecho pétreo, para tallar en otra capa inferior de roca caliza amarilla, de menor calidad y dureza, bajo el nivel base de la meseta, el cuerpo de un león.

En el montículo de la Gran Pirámide se definieron dos puntos geodésicos, con alineación norte-sur, uno para su centro (quizá un paralelo de la luz en km/s) y otro para el paralelo de la luz en m/s, separados por 3,5 m o 5 m. Y en el montículo de la Gran Esfinge asimismo se definieron dos puntos geodésicos, pero en sentido este-oeste, uno sobre el centro de la cabeza y otro en medio del lomo, a la distancia de 23,562 metros o 45 codos reales.

Siempre estuvieron ahí esas dos pequeñas colinas. Estaban «elegidas» desde el alba de este mundo, desde el tiempo de la bruma en el que se conformó el continente africano. Varios millones de años antes de que se fundara Heliópolis ya pre-existían. Se alzaban allí dos montículos sagrados, cuyas cumbres recibían veneración desde época prefaraónica. Cierto día, en Heliópolis se planificó darles una geometría. Sin embargo, son sólo piezas de un plan mayor. Ni siquiera fueron las primeras piezas, pues otras pirámides incluidas en ese plan se levantaron antes. Pero eso lo contaremos en otro momento; mejor dicho, en otro lugar: la serie *Lucy y la geometría de los dioses*.

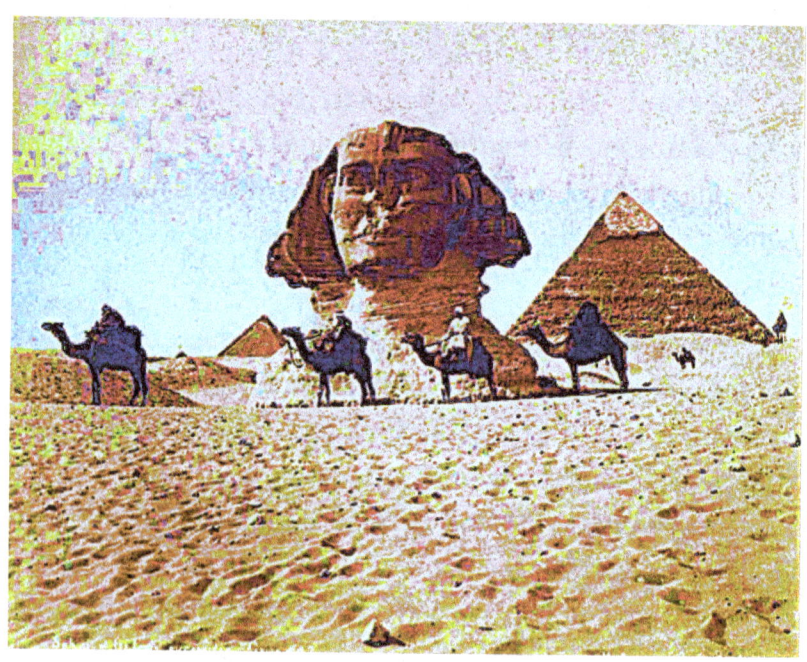

La Esfinge hace unos cien años. Había permanecido enterrada en la arena durante centurias, hasta que a principios del siglo XX la arena fue extraída del foso donde el cuerpo de león descansa. Vemos la pirámide de Kefrén a la derecha y la de Micerinos al fondo a la izquierda.

EPÍLOGO

Sólo con la tecnología satelital, modelos geo-matemáticos avanzados y las mediciones del nivel del mar en todas las costas del mundo, es factible conocer en tres dimensiones la forma y el tamaño exactísimo del globo que habitamos. Gracias a esa alta precisión resulta posible la geolocalización GPS y las comunicaciones entre los satélites y la Tierra.

No obstante, esa exactitud se encuentra también en la ubicación geodésica de los principales monumentos de la meseta de Guiza: la Gran Esfinge y su templo, las tres grandes pirámides bien alineadas, el templo de Keops y la pirámide de Jentkaus (última reina del linaje de la cuarta dinastía).

Lo absurdo nos confronta mediante las asombrosas obras de esta necrópolis. Desde la convencionalidad de la Egiptología académica, todo esto es imposible. Hay que negarlo o atribuirlo a una casualidad reincidente extrema. Pero las viejas piedras persisten aún en el terreno. Y hoy disponemos de avanzados instrumentos para descubrirlo.

¿Quién diseñó Guiza? La construyeron con enorme esfuerzo, organización y devoción los antiguos egipcios. No hay duda de ello. Pero ¿qué inteligencia la planificó? Una inteligencia misteriosa. Algo que se escapa a la visión de la Egiptología. Algo que nos desafía, quizá desde una realidad paralela.

APÉNDICE

CREACIÓN DEL CÓMPUTO DEL TIEMPO CON LAS LLAVES 6 Y 144

Cada civilización antigua creo su propia forma de medir el transcurso del tiempo: Egipto, Babilonia, China, India, Grecia, Roma, etc. Varían el número de las estaciones del año y el número de meses de estas estaciones, los días que componen el mes o el año, el número de horas del día, las fracciones en las que se dividen las horas y las fracciones de las fracciones.

Para los sumerios el día tenía seis horas y la noche otras seis. Cada hora se dividía en 60 partes, que a su vez se dividían en 60 fracciones y estas en otras 60 fracciones menores y así sucesivamente. No obstante, toda esta serie de subdivisiones era algo teórico, pues no disponían aún de instrumentos capaces de medir la duración exacta de esas fracciones menores. Incluso las horas eran de distinta duración según fuera la época del año. Únicamente en el equinoccio todas las horas eran iguales.

Fueron los antiguos egipcios los primeros en dividir el día completo en 24 horas: 12 para el día y 12 para la noche. Esto está atestiguado en múltiples textos religiosos y profanos. Posteriormente babilonios, griegos, romanos, etc., imitaron este cómputo de 24 horas.

Poco después del año mil, durante la edad de oro islámica, el astrónomo y matemático iraní al-Burini fue el primero que propuso dividir la hora sexagesimalmente, en minutos y segundos, quizá basándose en la astronomía babilónica.

Unos doscientos años más tarde, en el siglo XIII, en la Europa cristiana, el erudito monje y astrónomo Juan de Sacrobosco, que enseñaba en la Universidad de París y fue partidario de introducir el sistema numérico hindú-árabe, propuso igualmente dividir la hora en 60 minutos y estos en 60 segundos.

Sin embargo, no existían en aquella época aparatos capaces de marcar con precisión unas unidades de tiempo tan pequeñas, por lo que se trataba de premisas teóricas. Fue en el siglo XVII cuando los relojeros ingleses lograron fabricar relojes con la capacidad de computar los minutos con exactitud. Después, perfeccionaron esos relojes hasta llegar a calcular asimismo los segundos con fidelidad. En el siglo XIX estos relojes mecánicos se difundieron por el mundo entero, llegando incluso hasta la lejana China.

Además, en Europa regía desde la época del Imperio romano un calendario anual solar de 365,25 días, llamado calendario juliano. Fue Julio César quien lo introdujo en el Imperio tras aprenderlo de los astrónomos egipcios. El resto de las civilizaciones seguían un calendario lunar o luni-solar, configurado con un cómputo menor de días. El calendario juliano (mejorado desde fines del siglo XVI por el calendario gregoriano, con pequeños ajustes cada siglo) computa ciclos de cuatro años con una media de 365,25 días cada uno.

Este calendario gregoriano con años de 365,25 días y días con 24 horas, divididas en fracciones de 60 minutos y estos en otras menores de 60 segundos, es el que está hoy vigente en todo el mundo y por ello marca el tiempo por el que se rige la humanidad. No obstante, coexiste con los calendarios tradicionales de otras culturas, pues estos han subsistido para señalizar sus festividades religiosas. Es así en India, China, el mundo islámico, etc. Por ejemplo, este año 2022 en el que ahora estoy escribiendo es el año 1444 AH (Año de la Hégira) del **calendario musulmán**. Ellos se rigen por un calendario lunar, que oscila entre 354 y 355 días. El **calendario hindú** es más complicado, ya que es el resultado de combinar meses lunares y meses solares, que constan de diferente número de días, originando años con cinco duraciones distintas. A su vez, los días constaban de 30 horas y estas de 48 minutos, etc. En Mesoamérica, el **calendario maya** combinaba años de 260 días con otros de 365 en una rueda o ciclo de 52 años. Y un día lo dividían en 20 horas. El **calendario tradicional chino** es luni-solar, con meses lunares en un año solar, que da lugar a años de seis duraciones diferentes dentro de un ciclo de 19 años, para enmarcar este ciclo al tiempo del año solar. Según los distintos sistemas de contabilizar el día que existieron este constaba de 12 unidades shí (equivalentes a 120 minutos nuestros) y 100 unidades kè (equivalentes a 14,4 minutos nuestros), o bien 10 unidades geng y 60 unidades dian, entre otros sistemas que hubo a lo largo de su historia.

En el siglo XXI el calendario gregoriano occidental ha sido adoptado como el calendario universal en todo el mundo. Esto significa que este calendario universal es el que rige el tiempo común para la totalidad de los pueblos del planeta.

Así, la medición del tiempo en la actualidad consiste en un año medio de 365,25 días (tres de 365 y uno de 366) y unos días de 24 horas, 1440 minutos (24 x 60) y 86 400 segundos (24 x 60 x 60). Esto implica que la semana tenga 604 800 s, el año medio de 365,25 días tendrá 31 557 600 s y un siglo gregoriano, con años de 365,2425 días, contará con 3 155 695 200 s. Todos los casos son múltiplos de 144.

Pues bien, he llegado hasta aquí para explicar que el cómputo de tiempo vigente en la actualidad está marcado por las llaves 6 y 144, que son las bases numéricas que lo configuran. A estas llaves numéricas se les puede añadir a la derecha todos los ceros que sea necesario, sin alterar su esencia. La principal o inicial combinación de estas llaves está en la creación de las **24 horas del día**, ya que 144 / 6 = 24.

- Al dividir 1440 por 60 nos da las 24 h del día.

- Al multiplicar 14 400 x 60 da los 86 400 s de un día. Pero si dividimos 86 400 s por 6000 nos da directamente 144.

- Al dividir los 604 800 s de una semana por 4200 da 144.

- Dividiendo los 525 960 minutos del año medio por 1440 nos da los 365,25 días de ese año medio.

- Al dividir los 31 557 600 s de un año medio por 144 da el valor 219 150 que al dividir ahora por 600 revela otra vez 365,25.

- Si dividimos los 3 155 695 200 s de un siglo gregoriano —con años de 365,2425 días— por 144 da el valor 21 914 550, que al dividirlo por 60 000 nos revela los 365,2425 días de un año gregoriano.

Esta combinación de 6 y 144 para calcular el tiempo se amplia a las claves 6, 9 y 144 para señalizar el espacio. El espacio se concibe como un círculo de 360 grados (6 x 60 o 4 x 90). Cada grado tiene 60 minutos de arco (60') y cada minuto 60 segundos de arco (60"). De modo que el círculo consta de 21 600' de arco (360 x 60) y 1 296 000" de arco (360 x 60 x 60). Todos los casos esconden la llave 144.

- Al dividir 1440 por 4 nos da 360.
- Al dividir 360º por 25 nos da 14,4.
- Al dividir 21 600' por 150 nos da 144.
- Al dividir 1 296 000" por 9000 nos da 144.

El número 144 se vincula al 6 para crear la medición del tiempo y se entrelaza con el 9 para crear la medición del espacio.

Por último, ya para finalizar, y volviendo a la clave 6 que, junto al número 144, regula el cómputo del tiempo, señalar que, curiosamente, este año 2022 en el que escribo este librito es múltiplo de 6, pues 2022 / 337 = 6. Claro que esto ocurre igual en uno de cada seis números. Pero en este caso, además, sumando sus dígitos se desvela otra vez el número 6, pues: 2 + 0 + 2 + 2 = 6.

APÉNDICE DOS

UNA INTELIGENCIA TRANSTEMPORAL

En la lejana época en la que se construyó la necrópolis de Guiza no medían el tiempo como lo computamos hoy día. Y aunque teóricamente pudieran fraccionar las horas en 60 minutos y estos en 60 segundos, tampoco conocían las dimensiones de la Tierra ni podían saber que constituía una esfera y no era una Tierra plana. ¿O sí lo sabían? Y si lo sabían ¿cómo podían medirlo con la alta precisión que descubrimos en la relación proporcional de la Esfinge y la Gran Pirámide con respecto al paralelo 30 y el ecuador.

Recapitulemos. Dividiendo la distancia de la Esfinge al ecuador por los 3600 **segundos de una hora** obtenemos el perímetro de la Gran Pirámide. Y si esa distancia de la Esfinge al ecuador la dividimos por los 14 400 **minutos de diez días** se revela el lado de la Gran pirámide; aunque si esa distancia la dividimos por los 1440 **minutos de un día** nos da la longitud desde el centro de esta al paralelo 30. Esto último podemos expresarlo también así: la distancia del centro de la Gran Pirámide al paralelo 30 multiplicada por los 1440 **minutos de un día** manifiesta la distancia de la Gran Esfinge al ecuador.

Tenemos así entrelazados con proporciones que a su vez son claves de tiempo a: los lados de la Gran Pirámide, su perímetro, su distancia al paralelo 30 y la distancia de la Esfinge al ecuador.

Hemos comprobado la exactitud de estas medidas y las dificultades de la tecnología actual para precisar con la suficiente fidelidad la distancia entre dos puntos alejados varios kilómetros, como son el paralelo 30 y un objeto, o para dar una coordenada consensuada entre los distintos portales geomáticos con un error inferior al metro.

A pesar de esto la Gran Esfinge y la Gran Pirámide nos desafían con su exactitud geodésica y cartográfica. En aquella época nadie podía prever cómo íbamos a medir el tiempo en nuestros días. ¿O sí podían preverlo? ¿Quiénes fueron los videntes del tiempo? ¿Quién conocía el tamaño exactísimo de la Tierra hace 46 siglos? Todo esto resulta absurdo. Ninguna civilización de entonces lo podía saber, ni siquiera de modo aproximado. Y sin embargo...

¿Acaso existen otro tipo de inteligencias avanzadas en la Tierra, más allá de las humanas, que no conocemos? ¿Hay otro lado ignoto de la realidad?

APÉNDICE TRES
EL SANTUARIO TRANSTEMPORAL

Esta clave 144, escondida tras los códigos del tiempo, nos revela el arcano numérico más extraño en la necrópolis de Guiza: la fusión entre la luz, la geodesia, la cartografía y las proporciones arquitectónicas.

Primero descubrimos que cruza el norte de la meseta de Guiza un paralelo definido con iguales números que la velocidad de la luz, según el sistema métrico. Sobre dicho paralelo fijamos un punto, que será el centro de una gran pirámide que vamos a construir. Para establecer cuál va a ser el tamaño de los lados de esta pirámide calculamos la distancia que hay desde ese punto sobre el paralelo de la luz al paralelo 30. La décima parte exacta de esa distancia de $\approx$ 2304 m va a determinar la longitud de los lados de la pirámide (230,4 m).

¿Cómo es posible que a la Gran Pirámide, así como al templo mortuorio de Keops y su santuario, los cruce un paralelo con los mismos números de una velocidad de la luz que está determinada mediante un patrón de longitud fijado en 1799 y una unidad básica de tiempo, el segundo, definido como 1 / 86 400 de un día solar medio? El metro posee una longitud arbitraria que arrastra un error desde su creación, por lo que es inferior a una diezmillonésima del cuarto de meridiano. Y el segundo es hoy la unidad de tiempo debido a una propuesta de Gaus en 1832, pero no fue adoptado internacionalmente hasta la década de 1940.

Concurriendo la tecnología de interferometría láser y la precisión de los relojes atómicos, que miden el tiempo en milbillonésimas de segundo, se logró calcular y definir en 1983 la velocidad de la luz en el vacío con la exactitud de los metros por segundo.

La velocidad de la luz medida en metros y segundos es fruto de unir un azar cultural histórico con los avances de la tecnología y la ciencia moderna. ¿Cómo puede ser entonces que divida simétricamente con exactitud todo el complejo funerario de Keops? Es un absurdo.

Vamos a multiplicar la distancia entre el paralelo de la luz y el paralelo 30 por los 1440 minutos de un día, y la medida que nos de será la longitud que debe mediar entre el paralelo cero o ecuador y una esfinge (cabeza humana sobre un gran cuerpo de león) que será tallada también en Guiza. Una vez establecida esa distancia fijaremos allí un punto, que señalará cuál va a ser el centro de la cabeza de la magna escultura.

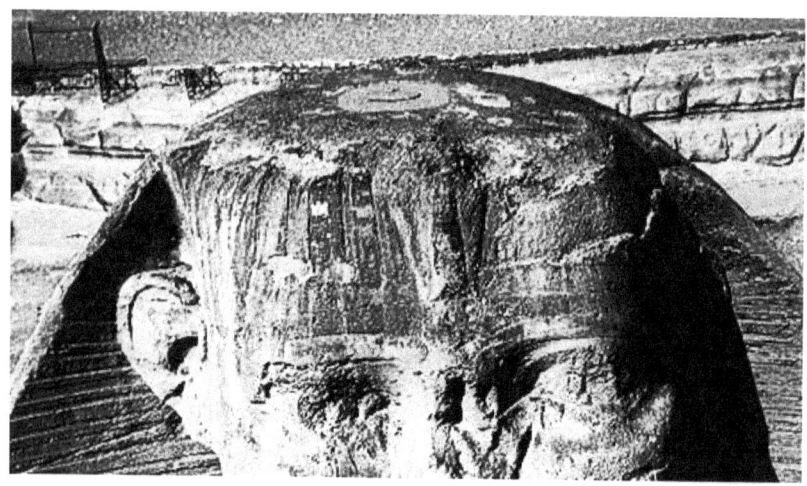

Ahora ambos paralelos, el del centro de la Pirámide y el del centro de la cabeza de la Esfinge, se encontrarán separados por apenas algo más de 430 m. Sin embargo, no están fijados en el mismo meridiano o eje norte-sur, sino que la cabeza de la Esfinge se halla situada unos 330 m al este respecto al centro de la Pirámide. ¿Por qué? La razón es que estos dos emblemáticos monumentos forman parte de un espacio geométrico mucho mayor, que incluye otras importantes construcciones de la necrópolis de Guiza. En cierto sentido, no se pueden entender estos monumentos sin descubrir que son piezas de una estructura sagrada o santuario, al que en el pasado denominaban Rosetau. Este librito es sólo una rama derivada del libro titulado *Rosetau y los senderos secretos de la luz*.

¿Cómo es posible que la Gran Pirámide esté erigida sobre un paralelo definido con los números arbitrarios de una velocidad de la luz, según los patrones de medida de tiempo y espacio de la cultura actual? Y que la distancia del centro de esta pirámide al paralelo 30 determine, con la proporción de un décimo, el tamaño de esta y, a la vez, con la proporción de multiplicar por 1440 (los minutos de un día) la distancia exacta de la Esfinge al ecuador.

¿Disponían los antiguos egipcios, hace 4500 años, de la capacidad técnica necesaria para determinar la posición exacta del ecuador o del paralelo 30? ¿Y quién podía saber entonces la velocidad a la que viaja la luz, gran logro de la ciencia moderna? Plantear tal cosa resulta absurdo.

No obstante, hay un último detalle a tener en cuenta. En realidad los egipcios no levantaron la Gran Pirámide ni tallaron la Esfinge tras un riguroso trabajo para calcular la distancia del paralelo 30, el ecuador o el paralelo de la velocidad de la luz. Ningún egipcio calculó tales cosas, es evidente que no lo hicieron. Y no lo hicieron porque estos monumentos ya estaban allí. Estaban allí bajo la forma de colinas. Simplemente alguien fijó los puntos geodésicos. Y sobre esos puntos se levantaron la Pirámide y la Esfinge.

¿Que esos puntos coindicen con la cartografía de los paralelos o con la velocidad de la luz? ¿Es un detalle que se puede ignorar, ya que desborda el marco convencional de la Egiptología? ¿Podemos ignorarlo, por tratarse de un absurdo que carece de sentido? ¿Y si todo responde a un plan diseñado por una inteligencia ajena, que los egipcios ejecutaron ignorando su profundo significado?

¿Quién diseñó el plan constructivo? ¿Quién eligió las colinas o quién previó que estuvieran ahí? ¿Cómo encajan tan bien todas estas medidas? ¿Quién sabría cuál iba a ser la velocidad de la luz con base en las unidades de espacio y de tiempo que emplearíamos para medirla?

¿Hay inteligencias no del todo humanas que moran tras una realidad paralela y que coexisten con nosotros en este mundo desde el principio de los tiempos? ¿Contactó alguien del antiguo Egipto con ellas? ¿Por qué se erigió la necrópolis de Guiza? ¿Por qué Guiza era ya un santuario desde época predinástica? ¿Estaba planificado que en este siglo XXI alcanzáramos el necesario desarrollo técnico y la capacidad para advertir todo lo que oculta el santuario de Guiza?

APÉNDICE CUATRO
EL PUNTO GEODÉSICO EN LA CABEZA DE LA ESFINGE

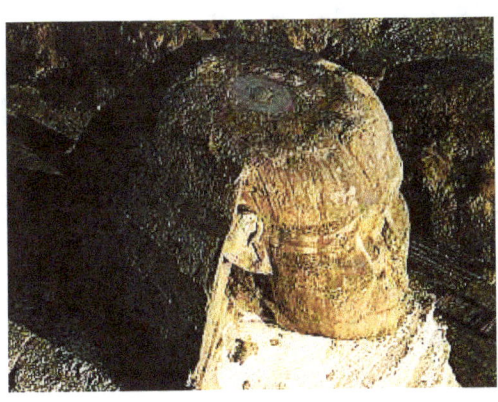

Esta es una foto aérea de la cabeza de la Esfinge con luz natural. El agujero del cráneo fue cubierto hace unas décadas y nadie sabe qué artefacto se alzaba allí en el pasado.

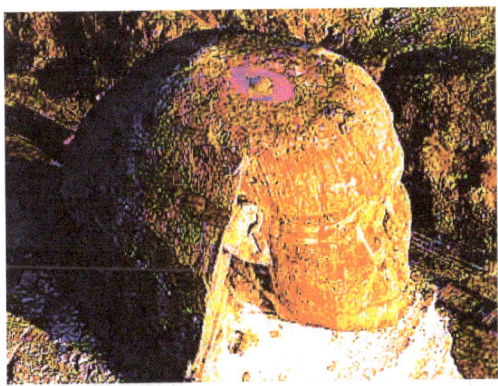

Polarizando la imagen se distingue mejor el material que cubre el agujero del cráneo y resaltan los vestigios de los supuestos colores originales que daban vida a la Esfinge.

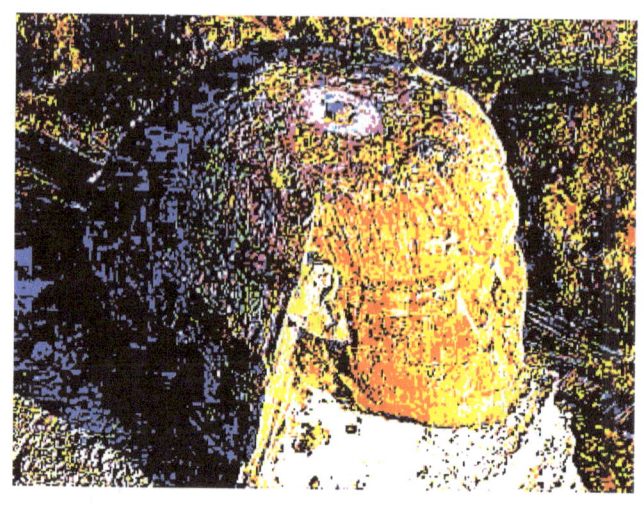

JJ CABANES

diciembre, 2022

Este librito amplia, desarrolla y profundiza
algunos puntos del capítulo cuarto del libro

Rosetau: los senderos secretos de la luz

SERIE :

LUCY Y LA GEOMETRÍA DE LOS DIOSES

Publicados hasta ahora en Amazon:

1. El misterio de la Gran Pirámide
2. La caja del tiempo y la barca de Ra
3. La velocidad de los rayos de Ra
4. Rosetau: los senderos secretos de la luz (dos tomos)

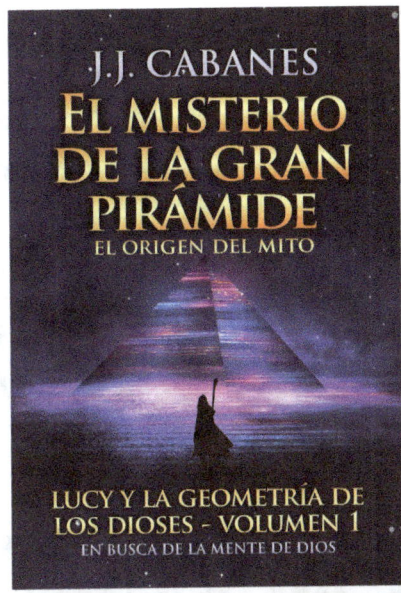
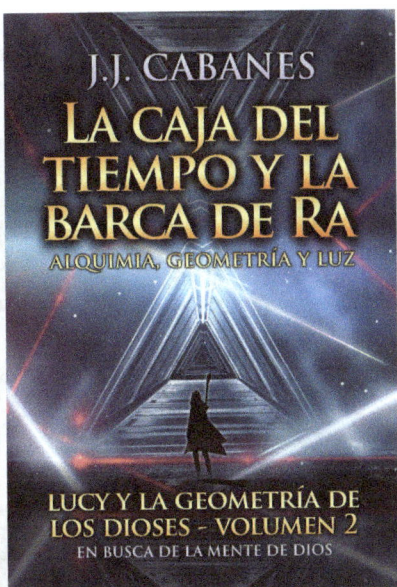
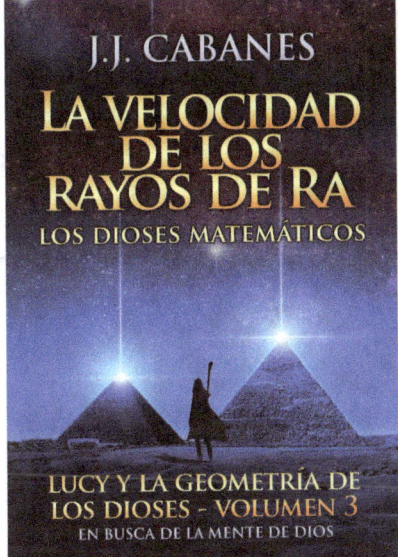
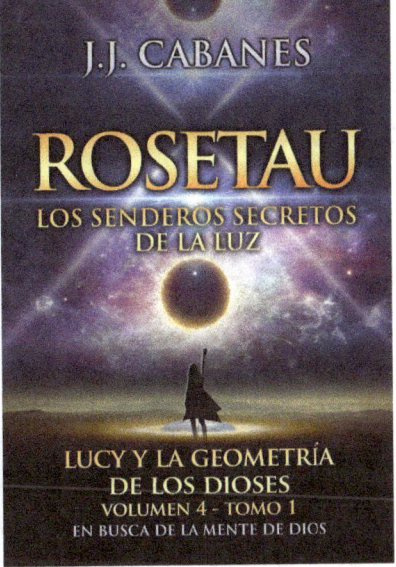

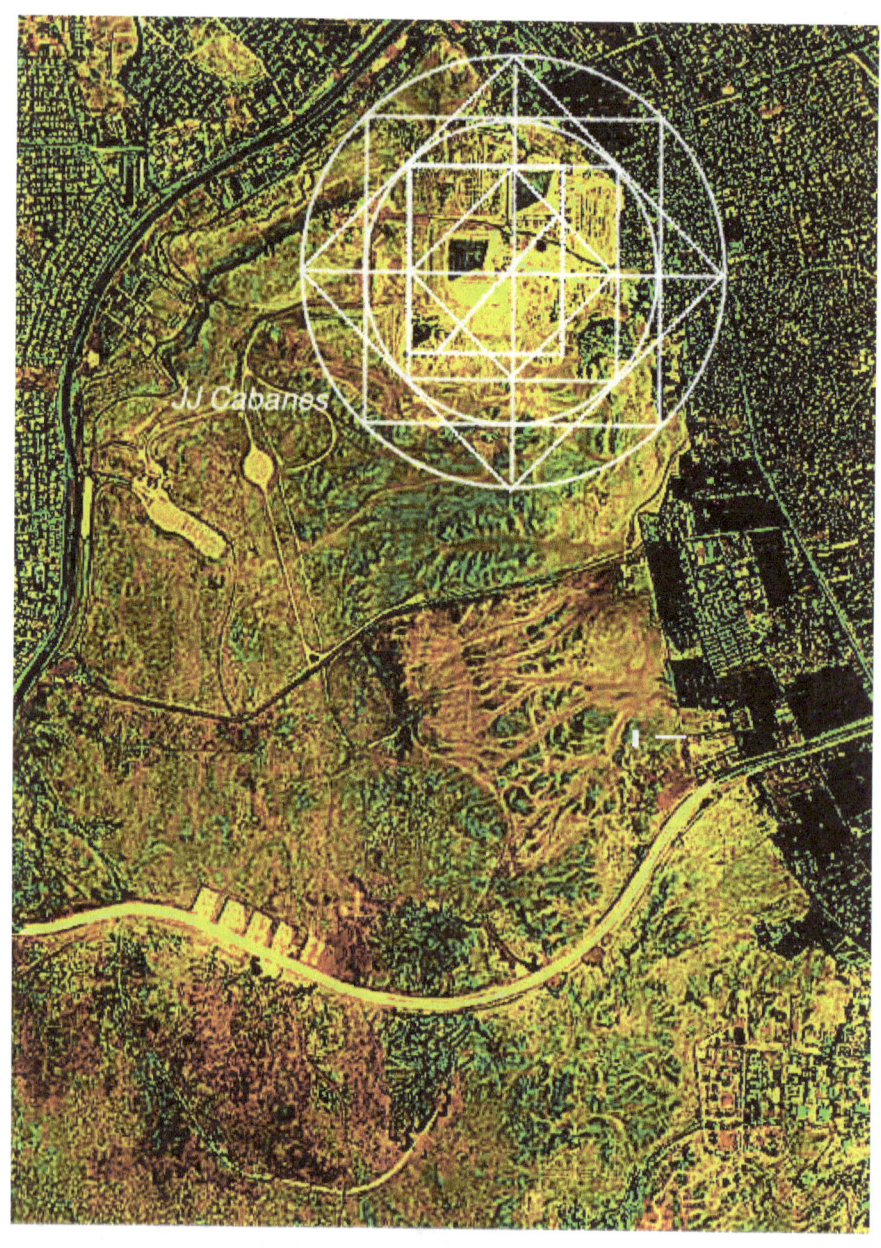

CalcMaps – Esri / Maxar

Rosetau: el sagrado portal

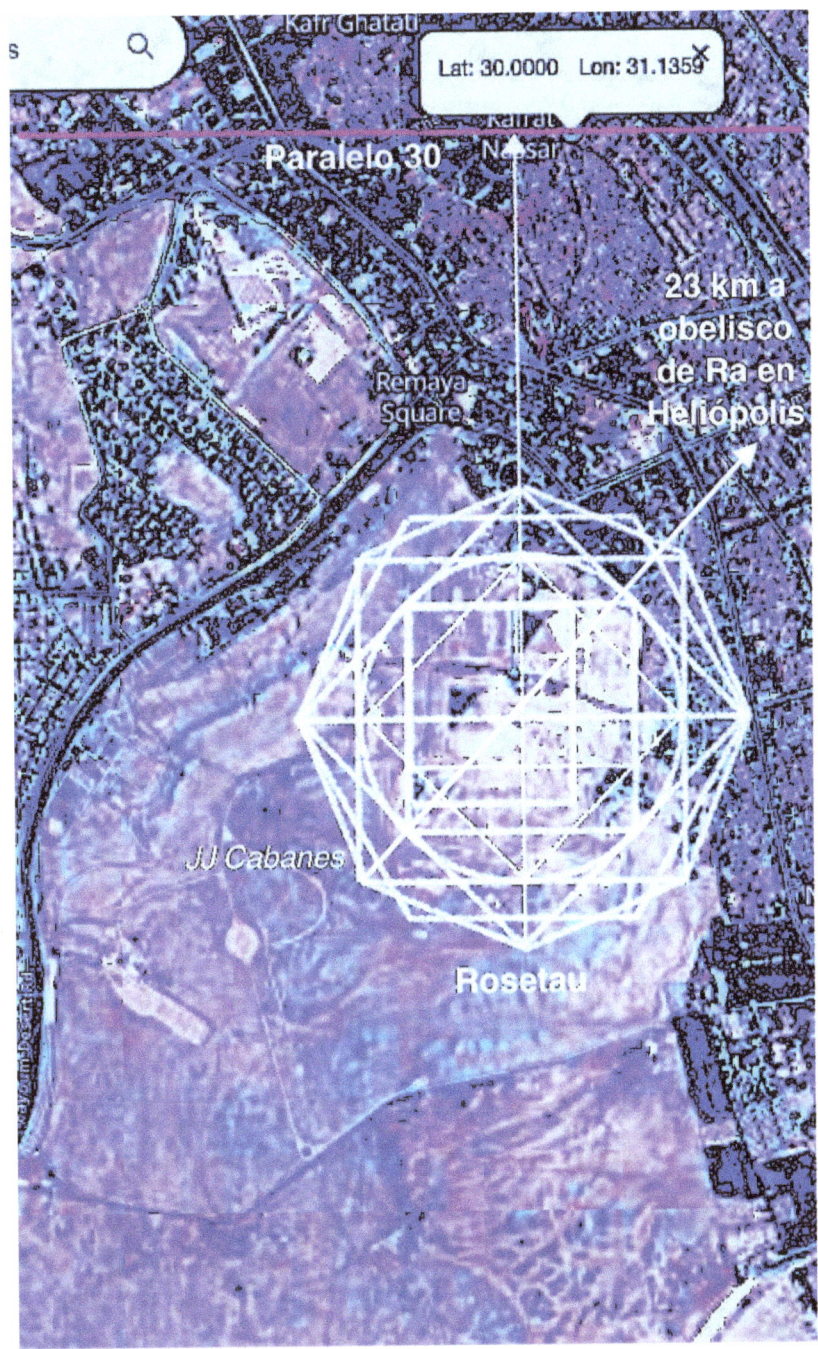

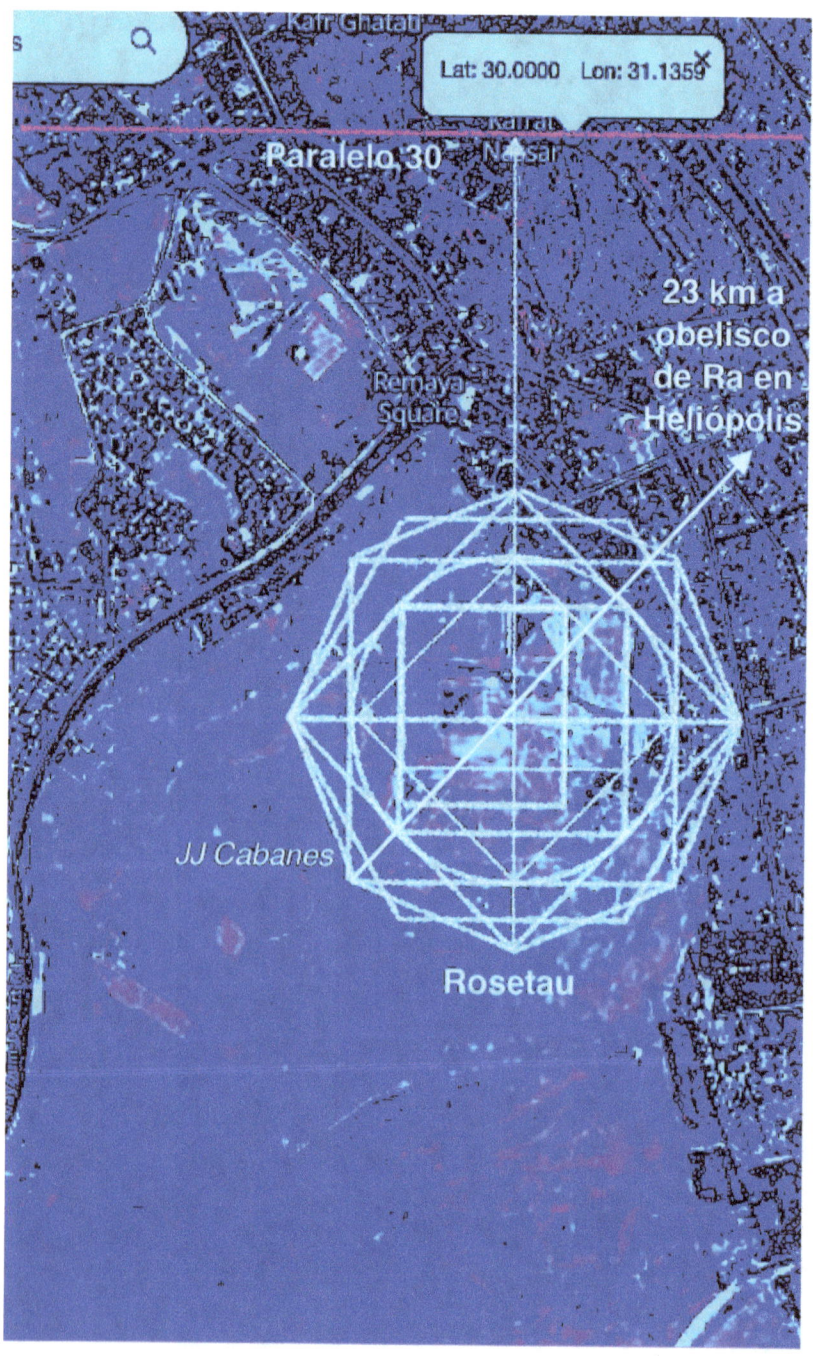

www.ingramcontent.com/pod-product-compliance
Lightning Source LLC
Chambersburg PA
CBHW070243220526
45465CB00004B/1508